名人传

林则徐
禁烟先锋

詹文维 著   徐福骞 绘

人民文学出版社
PEOPLE'S LITERATURE PUBLISHING HOUSE

著作权合同登记：图字 01－2023－2716 号

©三民书局股份有限公司
本著作中文简体字版由三民书局股份有限公司授权上海九久读书人文化实业有限公司
与人民文学出版社在中国大陆(台湾、香港、澳门地区除外)独家出版。

图书在版编目(CIP)数据

林则徐：禁烟先锋/詹文维著；徐福骞绘．—北
京：人民文学出版社，2018(2024.11 重印)
(名人传)
ISBN 978-7-02-014283-5

Ⅰ．①林… Ⅱ．①詹… ②徐… Ⅲ．①林则徐(1785—
1850)-传记 Ⅳ．①K827＝52

中国版本图书馆 CIP 数据核字(2018)第 101377 号

责任编辑 朱卫净 欧雪勤
装帧设计 汪佳诗

出版发行 人民文学出版社
社 址 北京市朝内大街 166 号
邮政编码 100705
印 制 山东新华印务有限公司
经 销 全国新华书店等
字 数 67 千字
开 本 890 毫米×1240 毫米 1/32
印 张 4.875
版 次 2018 年 8 月北京第 1 版
印 次 2024 年 11 月第 3 次印刷
书 号 978-7-02-014283-5
定 价 35.00 元

如有印装质量问题，请与本社图书销售中心调换。电话：010－65233595

序

不论世界如何演变，科技如何发达，但凡养成了阅读习惯，这将是一生中享用不尽的财富。

三民书局的刘振强董事长，想必也是一位深信读书是人生最大财富的人，在读书人数往下滑落的多元化时代，他仍然坚信读书的重要性。刘董事长也时常感念，在他困苦贫穷的青少年时期，是书使他坚强向上；在社会普遍困苦、生活简陋的年代，也是书成了他最好的良伴。他希望在他的有生之年，分享这份资产，让其他读者可以充分使用。

"名人传"系列规划出版有关文学、艺术、人文、政治与科学等各行各业有贡献的人物故事，邀请各领域专业的学者、作家同心协力编写，费时多年，分梯次出版。在越来越多元化的世界中，每个人都有各自的才华与潜力，每个朝代也都有其可歌可泣的故事，但是在故事背后所具有的一个共同点，就是每个传记主人公在困苦中不屈不挠的经历，这些经历经由各位作者用心查阅有关资料，再三推敲求证，再以文学之笔，写出了有趣而感人的故事。

西谚有云：世界因有各式各样不同的人，才更加多彩多姿。这套书就是以"人"的故事为主旨，不刻意美化主人公，以他们的生活经历为主轴，深入描写他们成长的环境、家庭教育与童年生活，深入探索是什么因素造成了他们的与众不同，是什么力量驱动了他们锲而不舍地前行。以日常生活中的小故事来描写出这些人为什么能使梦想成真，尤其在阅读这些作品时，能于心领神会中得到灵感。

和一般从外文翻译出来的伟人传记所不同的是，此套书的特色是由熟悉文学的作者用心收集资料，将知识融入有趣的故事，并以文学之笔，深入浅出写出适合大多数人阅读的人物传记。在探讨每位人物的内在心理因素之余，也希望读者从阅读中激励出个人内在的潜力和梦想。我相信每个人都会发呆做梦，当你发呆和做梦的同时，书是你最私密的好友。在阅读中，没有批判和讥讽，却可随书中的主人公海阔天空一起遨游，或狂想或计划，而成为心灵

知交。不仅留下从阅读中得到的神交良伴（一个回忆），如果能家人共读，读后一起讨论，绵绵相传，留下共同回忆，何尝不是一派幸福的场景！

　　谨以此套"名人传"丛书送给所有爱读书的人。你们都是世界上最幸福的人，因为一直有书为伴，与爱同行。

目　录

名人传

林则徐

1785—1850

1. 志气不凡非寻常

清乾隆末年，福建侯官（今福州），一群小学生跟着书院老师游览城外的鼓山。师生登上了绝顶峰，向远眺望，海天茫茫，风光大好。老师一时兴起，便出了"山"和"海"两个字，叫每个学生作一对七言联句。

几个学生有板有眼地对着句子，老师虽然点点头，但脸上没有太多满意的笑容。轮到年纪最小的学生时，老师看着他，眸光里藏着期许。

那个学生叫林则徐，他父亲林宾日虽然只是个在私塾教书的穷秀才，但学问、品德两方面都受人敬重。在林宾日的启蒙之下，林则徐初入学的时候便展现了不同于一般学生的天资才气。

老师记得上元节的时候，附近城隍庙张灯庆祝，他应景地出了上联："点几盏灯为乾坤作福"。才十岁左右的林则徐应声说出下联："打一声鼓代天地行威"。声音铿锵有力，气势蓬勃昂扬。

想起这件事，老师的嘴角扬起了笑。"则徐，念念你作的联句。"

林则徐很有小大人的样子，衣服虽然破旧，但整理得一丝不苟，人虽然又瘦又小，可一双眼睛炯炯有神，英气逼人。

林则徐知道自己聪明，不过他不是浮夸骄傲的孩童。一生穷困的父亲要他以谦虚自励，所以他做什么事情都是认认真真的。

虽然小林则徐按捺住了一般孩童想出风头的心性，但是老师叫到他的时候，他还是有几分孩子气地笑开了："海到无边天作岸，山登绝顶我为峰。"

童音稚嫩，但一字一句清清楚楚，掷地有声。林则徐挺直脊梁，语气中散发着初生之犊不畏虎的豪气。

林则徐的同学们除了佩服之外，有的更微微地红了脸。他们自觉才情无论如何是比不上林则徐的。老师嘴角的笑容却在这时候僵住了。林则徐诧异地看着老师，不知

道自己说错了什么。

林则徐想，该不会是他说得太自大、太猖狂了吧？但是他真的有这样的志气啊。

听到林则徐这一对联句，老师先是惊异，继而愣怔，回过神后，大为赞赏！

"太好了！太好了！"因为激动，老师的声音显得有些颤抖。

面对山海，其他的孩子顶多是叙景抒情，林则徐短短的联句中，不但有景、有情，更有志，而且还是非凡大志。上联中，第五个字是"天"，下联中第五个字是"我"。小小年纪的林则徐是志与天齐啊！

老师不自觉地用力拍了拍林则徐的肩膀。"好！好！则徐，好好记住这等志气，这样才不辜负了你爹对你的期许。"

林则徐这名字是他父亲林宾日特地取的。

当年林则徐的母亲快临盆时，正好福建巡抚徐嗣曾巡行时遇到大雨，暂避他家。林则徐诞生时，哭声洪亮，不同凡响，不一会儿大雷雨迅速停止，引得徐嗣曾好奇，雨虽停，徐嗣曾却站在门里不出。

那时，林宾日听说妻子临盆，冒着大雨，急忙从私塾赶回，还没到家，便看见门口仪队罗列，刚踏步入内，又看到屋内站着一位穿戴着红顶官服的大官。认出这位官员是徐嗣曾后，林宾日赶紧趋前施礼拜见。徐大人上下打量着林宾日，看他服装应是个秀才，也还了一揖，口中说了声恭喜之后，便上轿鸣锣开道而去。

徐嗣曾是福建地区最高的行政长官，政绩卓著，深受百姓爱戴。为了纪念这段因缘，林宾日将儿子取名为"则徐"，就是要他效法徐嗣曾，将来当个好官。林宾日虽然对儿子深有期待，但他万万想不到，林则徐将来的事迹功勋会远远地超过徐嗣曾。

林则徐自评一生"历官十四省，统兵四十万"，"身行万里半天下"。乾隆以后，英国人以毒品鸦片输入中国，赚取大量白银。道光年间，林则徐领受皇命，到广东地区禁绝鸦片，大刀阔斧之举名震海外，为往后历史翻动风云。

※　　　　　　※　　　　　　※

林则徐十四岁的时候，考上秀才，入鳌峰书院就读。

鳌峰书院创立百年，在福建享有极高的声誉。林则徐入学后，除了研习应付科考的八股文，更在应用学问为民服务这方面下足功夫，读了许多切合救世实用的书籍。

同年，曾在河南担任过知县的郑大谟，因为爱惜林则徐的才学以及人品，不嫌林家穷苦，把年仅十岁的长女淑卿许配给林则徐。

嘉庆九年（1804），二十岁的林则徐中了举人，便正式迎娶郑家小姐，双喜临门，更是意气风发。按清朝的科举制度，举人还要去京城参加会试，通过会试，成为进士，才能任官。第二年，林则徐携妻子北上京师参加会试，不幸落榜。嘉庆十一年秋，为了家计，他接受厦门海防同知房永清的邀请，只身一人前往衙门担任文书。

海防同知衙门专门管理海口商贩、洋船出入、监收兵饷等事务。厦门商船往来热闹，鸦片也从此地运往内陆。林则徐曾在街上亲眼看见上瘾的鸦片鬼，卖老婆买鸦片；又见到衙役因为染上吸食鸦片的恶习，形体消瘦，精神困顿，更为筹钱买鸦片勒索受贿。

这些人可怜又可恶的形迹让林则徐又惊又怒又心痛。

他特地向房永清禀报所见所闻。

房永清听完他的话，摇了摇头，说："不瞒先生，这些下人，换一批坏一批，简直是无计可施。"

林则徐说："不一定要换人，严惩严办，杀鸡儆猴，总能收敛他们的行径。鸦片输入我朝后，风气越来越坏，除了一时的治标，还应当想个正本清源的方法。"

林则徐虽然放弃会试，但是在漫长的科考路上，算是年少得意。不过他求取仕途，并不是为了功名利禄。

林则徐的父亲林宾日虽然穷，但穷得有骨气。尽管只是个秀才，他胸怀家国的心却不输朝臣。他的好朋友林雨化更曾因为公开讽刺、揭发官员贪赃枉法，而被流放到新疆。

林雨化受尽折磨苦难，多年后才得以返乡。回归故里后，他仍然不改其耿直个性，经常抨击时弊。林则徐对林雨化极为敬重，也深受启发，曾为《林希五文集》[①]写序，序中说："读圣贤书所学何事，古今人不平则鸣，大率类此。"

---

① 希五，林雨化的字。

不平则鸣！林则徐见衙役恶状，并不想忍气吞声。他希望能奋起作为，改变这样的情况。

年轻的林则徐模样端秀，说起这些话的时候，那神态认真严肃，庄重至诚，房永清看了都有些感动了。

"鸦片，在十余年前朝廷便下了禁令，不准买卖、吸食！"林则徐激昂地说，"海防同知衙门是堂堂正正的执法单位，岂能坐视不管，任由鸦片危害我东南地区。如蒙大人俯允，晚生自当效力，禁绝此害人之物。"

林则徐虽是一片年轻人的赤诚，但是这话说得实在冒失。正因为海防同知衙门是执法单位，鸦片泛滥，房永清岂不是难逃失职之嫌？

房永清的脸上闪过热辣的尴尬。

林则徐瞅见这样的神态，才惊觉失言。他暗怪自己性情这样急躁、莽撞。他知道自己最大的缺点就是遇到不平的事情，容易又急又怒，虽是基于义愤，不畏险恶，却失了顾全局面的处世智慧。

好在房永清了解林则徐正直的个性，并不跟他计较。

房永清叹了口气。"小老弟。"他改口，没有称林则徐

"先生"。

这声小老弟叫得有些亲切，也有些教导的意味。

"你以为海防同知是厦门最大的官吗？外夷私贩鸦片，到处行贿，买通关卡，广开销路。这层层关卡，牵一发而动全身。别说是地方巡察的官吏，省里、京里的达官贵人也都受了好处。再说这些达官贵人的大小亲戚，在厦门任职的也不少。我领受朝廷俸禄，当然不能放任鸦片走私。只是'正本清源'这四个字，唉，谈何容易！"

林则徐知道房永清并不是贪财渎职之人，而且他对家境困苦的林则徐更有知遇之恩。只是听他这么一说，林则徐的心冷了半截。事情难道就这样算了吗？他反复思忖，却说不出什么话来。

读圣贤书所学何事？拜别双亲娇妻又是为何？房永清的无能为力，也让初次见识官场复杂的林则徐感到困惑与受挫。

※　　　　　※　　　　　※

林则徐虽然一时气馁，却没有因此消沉下去。他仍然利用在海防同知的职务之便，私下探查鸦片走私进口的情况，并了解外国鸦片贩子勾结官吏、偷运毒品的种种行径。

这一待，转眼就到了年底。在人底下做事的历练，没让林则徐的志气稍减，不过锐气倒是收敛了不少，使他沉稳了许多。

年关将至，林则徐早起收拾行李，打算返乡过年，房永清却在此时急急地敲着他厢房的门。

林则徐心中诧异，开了门，见房永清一脸愁苦。

未等林则徐开口，房永清劈头就说："大事不好了！你给新巡抚写的新年贺禀出差错了！"

"新年贺禀"是指祝贺上级新年快乐的禀帖，官场上，逢年过节都有这样人情往来的应酬文稿。林则徐书法秀雅，才情佳妙，应对谨慎得宜，这样的文稿他是极为擅长的。

虽说现任巡抚才新上任，还不大清楚他的行事作风，性情为人，但这样寻常应对的官场文稿，应该不至于出什么差错才是。

林则徐一下子不大明白发生了什么事情。

新任巡抚叫张师诚，在乾隆皇帝在位时，位列枢要，涉猎典章与兵刑吏治等大政。嘉庆时，他又从地方官员层层爬升，至嘉庆十一年，自江西巡抚调任福建巡抚。

张师诚才来福建没多久，房永清也不大清楚他的个性。

"大人，怎么出了差错呢？"林则徐问。

"今天是除夕，巡抚漏夜派了专差急急赶来这里，说是要问这贺禀是谁写的，又说要把写贺禀的人立刻带回省城。若不是出了大差错，怎么会这样紧急？"虽是冬日一早，房永清却急出了一身汗。

还来不及擦汗，房永清又说："专差还在外面。我问不出个所以然来，依我看大概是凶多吉少。先生若觉得不妥，我就推说你已经回去过年了。"

林则徐做事认真细心，聪明干练，这些年帮了房永清不少的忙。房永清对他也是爱护有加，决定替他挡下。

林则徐感激地说："谢谢大人的美意。只是既然是晚生代笔的禀帖出了差错，自然该由晚生负责，岂能牵累大人！"

虽然专差来意不明，林则徐倒是没那么慌乱。

"好汉做事好汉当"，他林则徐还是有这点担待和这一身的坦荡。再说，禀帖是出自他的手，内容好坏，他自己最清楚，没道理因为这样获罪。见了巡抚，他只要小心应对，不累及他人就无愧无惧了。

这么一想，林则徐的心头安定了许多。"专差既然来得这么急，就让晚生立刻跟着去吧。"

"这……"房永清还有些迟疑。

"大人请。"林则徐没等房永清把话说完，微微一笑后便轻轻推着房永清，一起走出厢房。

※　　　　　※　　　　　※

一路上，专差并不多说话，除了偶尔问林则徐几句话，大部分的时间都在赶路。林则徐注意到，即便是在赶路，专差似乎也还偷偷观察着他。

林则徐觉得奇怪，但是他心中坦荡，知道有人窥觑，反而更镇定，显现出一副从容的样子。

两个人到了省城时，已将近黄昏了。

张师诚听专差回报，带回来的年轻人不过二十出头，一路上气定神闲，让他惊讶不已。他想了想，吩咐道："先招待他用晚饭，过一会儿再说。"

初更时分，张师诚踱步进了签押房，传令让林则徐进见。

签押房是批阅文案的办公重地，摆放着许多重要文件，官员平素不会让寻常人进来。所以林则徐虽然苦候许久，但是进了签押房，内心倒是更加安稳。

林则徐依礼拜见，张师诚让林则徐坐在签押桌的对面，先是不说话，着实地端详了他一番。

张师诚大约四十五岁，精神饱满，两眼炯炯有神，颇有威仪。林则徐颔首微笑，心跳虽然有些加快，但并不闪避张师诚的目光。

张师诚在看贺禀的时候，就已经被林则徐的书法和文采所吸引，见了林则徐后，对他更有好感。林则徐的字端正秀雅，人也俊朗英挺，尤其难得的是文无虚浮之气，人有大将之风。

张师诚淡淡一笑，开口问道："这贺禀写得不错，可都是你一手写的？"

听他称赞，林则徐没有露出喜出望外的神色，只是轻轻一笑，谦虚谨慎地应答称是。

张师诚又问："足下对于公文书写，想来也很出色了？"

林则徐欠身答道："学生只是初学一些。"

张师诚说："很好，很好。"他伸手自桌上一大摞卷宗里拣出一束很厚的案卷。"急忙把足下请来，是有紧急的事要借重足下长才。麻烦足下仔细研究这一堆卷宗，连夜在此替我拟出一篇奏稿，并且缮录清楚。这是要上奏给圣上的折子，务须谨慎。五更时分我往万寿宫贺年之前，请足下务必全部办妥。"

清代官员，每逢岁时，都要到各地的"万寿宫"遥拜皇帝，张师诚自然不能缺席。

林则徐再一欠身。"学生遵命。"

张师诚又交代几句，然后起身离去。

林则徐反复翻阅厚厚的卷宗。除夕夜里，外头不时地传来喧闹的爆竹声和锣鼓声，他恍若未闻，深思后，随即提笔疾书，一刻不停，一夜未眠。

五更时分，张师诚差人来取。林则徐稍微合眼休息，静心等候。

不久，一个下人拿回奏折，说："我家大人吩咐，请先生重写一篇。大人此刻要往万寿宫去，回来后会再看先生的奏折。"

说完，那下人便离开了。

为了明白张师诚是哪里不满意，林则徐翻开奏折重看。只见张师诚涂改了无关紧要的几个字眼，既无赞许，也无批评。

倘若是别人，一定觉得张师诚自恃官大，对自己不但有些轻慢，也太过刁难。

可是林则徐再看了看，又想了想，既不害怕，也不恼怒。他重提精神，专注在笔墨之间，越写越见神采。

时间越少、要求越苛，他被激出的潜力越大。

他一向都是有志气的，但求下笔理要分明、情要通彻、字要斟酌，人若克尽职责，便是自重，就不怕被人看轻。

窗外天色渐亮，个把时辰过去，红日满窗。张师诚满面春风，快步进入签押房。

林则徐刚完成奏折，起身行礼。

张师诚看他竟然精神奕奕，大为惊奇。"写完了吗?"他一面问，一面示意林则徐坐下来。

"学生已经完成了，请大人过目。"林则徐微微一笑。

听他这么一说，张师诚未及就座，忙着取过奏折观看。他就这么站在桌旁从头看到尾，又要了林则徐原来那份奏折对照。

看完以后，张师诚顿时眉飞色舞，口中不断称道："了不起! 了不起!"

林则徐猛然被这样一称赞，脸竟微微泛红。

张师诚转过头来，恭敬地朝着林则徐深深一揖，说："可喜! 可喜之至! 老夫何幸替朝廷物色到一位真正了不起的大才。"

张师诚是封疆大吏，而林则徐只是小小文书，他行这等大礼，让林则徐受宠若惊。"大人过誉，学生不敢当。"

"不! 你受之无愧，"张师诚正色道，"我初看你写的贺禀，便觉得你是个人才，没想到你一再叫我惊奇！不过二十几岁，遇事竟能镇定安详，那修养确实不易。我为了考验你是否有真才实学，所以决定让你来拟这份奏折。这项工作本是繁重复杂，而你能在一夜完成，那已是精力过人、干练机敏了，老夫心中甚喜！却忍不住想再考验你的修养能力一番，这才无礼唐突地让你再拟一份。不想这第二份一气呵成，竟更是精妙！通篇圆润整齐、论理高明、用字妥帖。你真是惊世之才！"

"你将来的功业必定在老夫之上！"张师诚最后说，"你若不弃，是否愿意在我这里屈做幕僚？我必尽我所知，倾囊相授。"

林则徐根本没想到整件事竟是如此！听张师诚说得这样恳切，林则徐胸中一股热气激荡，感动之情难以言述。

他何其有幸，竟遇张师诚赏识提拔、赤诚相待。他振奋莫名，相信往后必大有作为，能学习到不凡的为人处世之道。

"恩师，请受晚生一拜。"林则徐想也不想，伏拜在

地，泪已经含在眼眶。

往后张师诚还历任广东、安徽、山西、江苏等省巡抚，政绩卓著，而又以在福建的八年建树最多，其中四年，他们师生共事。在张师诚如师如父的照顾下，林则徐跟在他身边四年所见所闻所学，一生受用。

2. 初露锋芒声名彰

　　嘉庆十六年（1811）的会试，林则徐榜上有名，列第七十四名，殿试二甲第四名，也就是全榜两百三十七名中的第七名，那年他二十七岁。林则徐被赐进士出身 ①，选为翰林院庶吉士。翰林院是为国家选拔人才的地方，明清两代的政府内阁官员，多是出自翰林院。进士当中，选择年轻而有才华的来担任翰林院的庶吉士，目的是让他们在翰林院学习，将来再授予官职。

　　林则徐在入翰林院之前，已经和普通新科进士不同。他从小就接受经世致用的教育，又受到张师诚多年的指导，更能利用内阁秘藏的典籍继续深造，奠定了往后多方

---

① 清代科举中，殿试时由皇帝亲自选拔，录取分为三甲：一甲三名，赐"进士及第"；二甲若干名，赐"进士出身"，三甲若干名，赐"同进士出身"。

面发展的基础。

他在翰林院长达九年，以才识超群绝伦博得赞赏，受到当时人们的敬重。其中有半年的时间，林则徐加入了"宣南诗社"，结交志同道合的友人，相互激励。

林则徐虽然在翰林院供职多年，但是这当中却有两次外派的机会。

一次他被外派至江西主持乡试，担任副主考官。当时审阅荐卷①的工作已经结束，为避免埋没人才，林则徐又花费七天时间，复查全部荐卷与黜卷②。正主考官频频催促林则徐结卷，林则徐却觉得其中有异，不顾压力，仍坚持全部复查，后来终于发现有人抄袭，于是重新开选。林则徐这种细心负责、公正无私的态度，深获地方赞誉，也得到朝廷赏识，三年后又充会试同考官，然后被派往云南主持乡试。

他在充会试同考官时，举人李纶元的试卷未被录取。放榜后，李纶元非但不怒，还向他讨教请益。两人气度雍

---

① 荐卷，荐官评定的卷子。
② 黜卷，被荐官弃置不用的试卷。

和，一时传为美谈。

嘉庆二十五年（1820），林则徐三十六岁，此时他已自云南返京复命，嘉庆帝见他是个干练的人才，亲自接见，并委派他为江南道监察御史，巡视州县，考察官吏。

他途经澎湖群岛，福建闽安副将张宝特地差人送上一只金老鼠。林则徐不但不领情，反而调查张宝来历。张宝原是在广东海面活动的江洋大盗，十年前接受招抚，由清廷授以武职。此人盗匪习气犹存，吸食鸦片，扰乱乡里，但是因为凭着不义之财到处行贿，反而得到层层保举，占得要职。

林则徐疾恶如仇，将张宝的金老鼠上交国库，不顾得罪人，上疏弹劾张宝，并吁请把张宝调任西北边缺，以免他和旧党羽勾结，滋生事故。嘉庆帝采纳了林则徐的建议。

林则徐离开澎湖，前往河南。当时黄河溃决，修堤工程尚未完成，投机分子囤积治河堵口的主要工材，牟取暴利。林则徐揭发弊案，才使得河工得以顺利进行，同时为朝廷节约了一大笔不必要的开支。

林则徐在京官中考核名列第一等，是深受器重的青年才俊，所以同年嘉庆皇帝将他外派任官，一开始就授以浙江省杭嘉湖道 ① 这样的优缺。

当时浙江省巡抚为陈若霖，算是林则徐的上司。林则徐走马上任的时候，正值浙江海塘破坏，需要大力修复，两人在海塘的修复上合作无间。

林则徐除了关心整治海堰，也尽心拔擢人才、察访民情。

杭州城内，有一人名叫唐鸣，仗着朝中有大官做靠山，明目张胆地在杭州城开设烟花赌场，林则徐派人查封，抄出大量鸦片、烟具、赌具，遣散了几十名娼妓，财货银钱全部由官府没收，惩办了唐鸣，同时又革除了几个徇私舞弊的官吏。

这件事情本该大快人心。

那日他与巡抚陈若霖在议论如何处置唐鸣的时候，手下匆匆来报。

"什么事情？"林则徐口气温和地探问。

---

① 清代一省设若干道，一道设若干府。杭嘉湖道是统领杭州、嘉兴、湖州三府的行政长官。

"启禀大人，刑部下了公文，将唐鸣开释了。"

林则徐一听，变了脸色，半晌后才说："知道了，下去吧。"

"是。"手下离开后，林则徐的脸色仍然铁青。

"唉，这种事情也是莫可奈何。"陈若霖开口劝他。

"我要上书辩驳，"林则徐以坚定的口吻说，"唐鸣作恶多端，铁证如山，如不能让他伏法，还有何公理可言？我又如何对得起杭州城百姓？"

林则徐不再像年少时一样，一急躁便慷慨陈辞，语气激昂，但是他刚正的个性从没变过。

陈若霖又劝道："唐鸣的背景不同一般，朝中有人哪！"

陈若霖说得隐讳，但是林则徐知道，唐鸣朝中的靠山是首席军机大臣①。

"正因为如此，更不能纵容。这样才能杀一儆百。"

林则徐硬气的回答让陈若霖傻了眼，陈若霖叹了一口气。

---

① 清代承袭明制，不设宰相，而军机大臣就成为实际上的宰相。

"我不怕得罪人，"林则徐知道陈若霖对他关爱有加，就实话实说了，"要是怕得罪人的话，当年我不会秉公办理乡试，更不会依律弹劾张宝，照实揭发弊案。"

林则徐这么说的时候还笑了笑。

他做这些事情，问心无愧。办理乡试，为国举才，他心中畅快；弹劾张宝，防患未然，他心安理得；揭发弊案，减少公帑浪费，他更感安慰。只要有利于社稷百姓，他得罪一些人，那又如何？

陈若霖亲切地唤他："小老弟。"

这声"小老弟"让林则徐想起了多年前任职厦门海防同知衙门的时候，房永清也曾这么叫过他。当年，他二十岁，只是个小小文书。

陈若霖语重心长地说："你做的这些事情，我都是知道的。不过那时候你是京官，不在地方任事，地方上种种盘根错节的事情，你可以不管。但是，现在你是在地方上，要跟大家共事，有时候也不得不多顾虑一些。"

林则徐有些不解地看了看陈若霖，只觉得他的话中似乎还有话。

陈若霖对林则徐是欣赏与爱护的。林则徐虽是初次任官，但才华出众，办事老练沉稳。尤其是他尽心做事的态度，更是他人远远不及的。

　　但是陈若霖对于林则徐也是担忧的。林则徐虽不恃才傲物，但那锋芒还是容易招人忌妒。再加上他无欲无求，一身傲骨，明的、暗的，都得罪了不少人。

　　陈若霖不得不多提醒他一些。"有人传了话到我这里来，说你到处与人为敌，目的是在打击同僚，抬高自己，冀图升迁。"

　　林则徐毕竟年轻，又自视高洁，只觉得清白被污，人格遭玷，初一听，气得说不出话来。

　　他深深地吸了一口气后，才说："大人明察……"

　　"我知道，我知道，"陈若霖急着安抚他，和善地拍了拍他的肩膀，"要是不知道，我怎么会跟你说这些呢？我的用意你也要明白啊！"

　　林则徐陷入沉思。陈若霖是要他明白什么呢？

　　当年，他只是小文书的时候，职位低微，有些事情他只好默不作声。现在，他不都是按着"职责所在"四个字克尽本分吗？只是或许"职责所在"，让他挡了别人的财路，才会谣言四起。

可是难道要他渎职枉法吗？这他是绝对做不来的！

"你也别把事情想得太严重，"陈若霖看出他的疑惑，说道，"只是'强龙不压地头蛇'这句话的确有它几分的道理。我们都是从外地派来的官，跟上司、同僚、下属，都得同舟共济。一个人顶不了一片天的！唐鸣这件事情你也竭尽心力了，剩下的，顶不了的，那就得看开。"

陈若霖笑道："修海堤的功劳，你是最大的。晚上我做东宴客，衙门里的同僚也都会来。你是一定得来的。"

陈若霖又补了一句："当官的同时要会做事和做人，这一点你得慢慢体会。"

林则徐苦笑。这句话说来简单，揣摩起来可就深奥了。他也不是不明白，只是他做事都来不及了，该怎么花心思去应付这复杂的人际关系呢？唉……做官，难啊！

※　　　　　※　　　　　※

道光元年（1821），初春，林和靖墓旁，空气间还透

着寒气，细雪飘落，梅花的幽香隐隐浮动。

林和靖是北宋诗人，一生没有做官，隐居于西湖畔，以植梅养鹤为乐。传说他以梅为妻，以鹤为子，故后世以"梅妻鹤子"四字表示清高隐逸。

林则徐特地在林和靖的墓旁补种上三百六十株梅树，又买了双鹤养在坟前。他可以偷闲的时候，会来林和靖的墓前，绕上一圈。

这日，林则徐站着赏梅，许久都没有移动步伐。

"怎么？你要在这里站成第三百六十一株梅树不成？"林则徐的身后传来吟吟的笑语。

林则徐回头，看到是夫人郑淑卿，笑了出来。

郑淑卿温婉娟秀，识见不凡，夫妻俩感情深笃。林则徐看到她的时候，向来刚毅的表情多了温柔的笑意。

"夫人真是明白我。"林则徐笑了笑。

他极爱梅花的清高雅洁。

官场上有些乌烟瘴气的事情，让他格外感慨。为了唐鸣的案子，他遭人谤毁。可是那日陈若霖宴客的时候，所有同僚却又大力吹捧他修海堤的功绩。这些吹捧他的，不知有多少是暗地谤毁他的。这让他当天极不自在，坐立难安。

没多久，他在翰林院的恩师曹振镛写信给他，说是有人诬告到军机处，指他排斥异己，收买人心。恩师特地叮咛他凡事小心谨慎。

种种事情都让他感慨万千，数度萌生了隐逸之心。

"天冷，"林则徐说，"你怀了身孕，更别着凉了。"

郑淑卿轻浅一笑。"天冷，你怀了心事，也别着凉了。"

林则徐牵起了夫人的手，笑而不语，好一会儿才说："公务还没忙完呢！"

郑淑卿笑道："你哪天忙完了？"

"我很想去福建一趟，把爹劝来杭州住，偏偏总没有时间。听说爹最近身体不大好。"林则徐忧虑地说。

林则徐在京任职多年，苦无机会对双亲晨昏定省。杭州离福建不远，他一到任，就急着迎回双亲奉养。谁知道他爹林宾日不喜承受供养的日子，只把他母亲陈太夫人送到林则徐任所，自己却坚持留在故乡不出。

林宾日素来也爱林和靖"梅妻鹤子"的故事，林则徐每来到林和靖墓前，思念之情更加殷切。

林则徐顿了一顿，叹道："我离开福建已有八年。有时候想，要是爹不来杭州，干脆我回福建好了。"

郑淑卿听得出来，林则徐是有辞官归隐的心意。

郑淑卿笑道："这样也是一家团聚。"

林则徐笑意加深，握紧了郑淑卿的手。天冷，两个人的手握在一起，暖了。

※　　　　　※　　　　　※

道光元年七月底，林则徐接到老父病重的消息，以自己生病为由辞官。当天一早交接，中午林则徐就登上船，带着妻子、母亲返回福州。

林则徐归来不久，林宾日即痊愈。林宾日对林则徐期望甚深，一直催促他要再度为民服务，报效朝廷。加以林家人口众多，也需要林则徐担负家计。于是隔年，林则徐束装北上。

道光二年（1822）四月二十六日，林则徐觐见新皇帝。

当时按照一般惯例，外派的官员告病出缺，病愈后起用，必须等到原官出缺，才可以补上原官。可是道光皇帝这次打破常例，特别降旨，仍让林则徐返回浙江以同等级的官位录用。

四月二十六日，道光皇帝于乾清宫的西阁召见林则徐。这是他们君臣初次见面。

道光皇帝四十岁，林则徐三十八岁，君臣年纪相仿。

道光皇帝即位的时候，清帝国逐渐衰败，财力、物力都很困窘。年轻皇帝十分节俭，也有心改革图治。他任用了林则徐的座师曹振镛进入军机处，因而对林则徐也格外关心。

他问了林则徐的出身、履历等问题，说："你在浙江省虽然时间不久，但是官声颇好，办事都没有差错，朕早有所闻。至于一些流言蜚语，都是查无实据，不要理它。朕此番仍叫你再去浙江，遇有道缺，就给你补上。你补上后，好好察吏安民！"

道光皇帝的一席话让林则徐胸中激动，感动得难以言述。他遭人诬指的委屈在这一刻终于得以洗刷平复了。

林则徐恭谨地匍匐在地，叩求道光皇帝训诲。

道光皇帝给他的只有一句话："照从前那样做就好了。"

林则徐内心激动，几乎不能言语。

那是皇帝的知遇与全心信任，鞠躬尽瘁，难报圣恩啊。

这一日对道光皇帝而言或许是平常的一日，但是林则徐一生为官，谨记的就是这一句——照从前那样做就好了。

林则徐官场上起起伏伏，外派近三十年，皆一本初衷。

林则徐那年五月出京，直到第二年二月回京，这半年多一点的时间，朝廷授他江苏淮海道，尚未赴任，又署他浙江盐运使，接着提升他为江苏按察使，主持一省的司法大权。三调三升，说明朝廷已把林则徐破格纳为重用之才。

林则徐官声极好，百姓誉为"林青天"，政绩上达朝廷。

道光三年十月，皇帝特予连日召见，给以特殊勉励。在回程中，沿途地方上重要的官员都对这位已受皇帝赏识的新人物特加青睐。

道光四年四月，林则徐的母亲过世，林则徐立即离任奔丧回里。照例，汉人官吏父母过世，必须请假二十七个月，回乡下服丧，之后才可再出任官职，这称为"守制"。但是因为道光五年黄河水患，无人可治，皇帝非用林则徐不可，因此破例发布了起用的旨意。

道光六年，两淮的盐务腐败不堪，道光皇帝谴责有关官吏，再度破例降旨，命林则徐署理两淮盐政。林则徐以"守制"还没结束及染患疾病还没痊愈为由，恳辞两淮盐政。

道光七年，在父亲表示愿意离开故里、让林则徐供养的承诺之下，林则徐于二月离开福建北上。五月初一，奉命任陕西按察使。林则徐因为陕西离福建较远，不便迎养老父，心里局促不安。

林则徐还未上奏，道光皇帝就察知他的衷情，特地给予妥帖的安排，表示将尽快让他再返江浙，以成全他的孝心。

林则徐曾自述："不孝则徐望阙叩头，感激涕零。"

道光皇帝对林则徐依赖甚深，林则徐对道光皇帝感激甚重，君臣遇合，成就了清史上的一段佳话。

3. 道光知遇莫敢忘

　　道光七年（1827）十月，林则徐父亲过世，林则徐奔父丧回福建，直到服丧期满，林则徐才于道光十年四月再度入京。同年六月，他在京奉命补湖北布政使；同年十一月，调河南布政使；次年七月，调任江宁布政使。

　　在频繁的调动中，林则徐每到一地，都在数月间留下了为人称颂的德政，博得百姓景仰的盛名。

　　道光十一年（1831），林则徐四十七岁，十月间，正当他以江宁布政使督办江北赈灾工作时，奉命升任河东河道总督。河道总督是当时最优沃的差职，一般官吏特别垂涎这个职位，没有特殊背景是不能取得的。

　　林则徐上奏，恳辞河东河道总督之职。

　　这日，林则徐的座师曹振镛入养心殿议事。

　　道光皇帝见了曹振镛，笑了笑，说："你来得刚好，林则徐上了奏折，不想接这河道总督一职。"

曹振镛先是一愣，再仔细思量，便明白了林则徐的用意。

河工繁重艰难，关乎千万人生命安全，若非有湛深的水利背景是不能胜任的。旁人若是因此推辞，那还有可能，不过林则徐已是公认的水利工程能手了，这个理由是说不过去的。

道光皇帝嘴角一扬。"林则徐还说自己不熟悉河工事务呢！"

道光皇帝笑了，显见，他也知道林则徐这是过谦之说了。

道光皇帝与曹振镛互相一看，两个人都清楚林则徐真正的心意。

道光皇帝说："他在奏折上说了，河工事务积弊已久，最紧要的，就是除弊；最难的，也是除弊。"

曹振镛想的正是如此。革除多年积弊，势必有多方牵连。林则徐如果没得到皇帝最大信任，如何能放手除弊？

这些年外派的历练，让林则徐做事更为沉稳慎重了。

曹振镛看道光皇帝脸上并无愠色，试探地说："圣上明察。如果真能革除河工弊端，必定是百姓之福。"

道光皇帝叹道："朕怎么会不知道这些外任官员因循苟且、官官相护的恶习？他们实在可恶透了！正是因为这样，朕才需要林则徐啊！他外任已经十年，办事细心可靠，是个干练之才，经他手办之事，无不迎刃而解。朕对他不只信任，更有厚望啊！"

　　曹振镛听得出道光皇帝对林则徐的殷切期望，马上跪拜道："林则徐有幸，得遇明主。百姓有福，得遇圣君。"

　　道光皇帝听他这么一说，才又露出了笑容。

　　　　　　※　　　　　　　　※　　　　　　　　※

　　林则徐十二月上任，不畏冰雪冷冽如刀，终日奔走于每个工汛地段，督促官吏、民夫破土动工。他发现夫役挑土的时候，撒下的泥块会积成长长的泥堆。以往官员都是放任不管，林则徐却已设想到，如果不即时清理，不但影响挑运泥土，而且等春天雨水冲刷后，积泥会慢慢流到河里，致使河水淤积。于是他严格规定，每挑完一段，就即时清理一段。

　　此外，林则徐多次便装察访，从农民的意见中，制定疏通、挖深大河水利工程的具体方案，并且亲自绘了《黄河万里图》挂在工地临时公堂之上，以便掌握情况，统筹指挥。此举使得大小官吏再也无法敷衍塞责。

一日，他到巨嘉汛工段查验，发现该地段主簿徐恂督工不认真，竟于工务时间喝酒，放任不理。林则徐破除人情的束缚，当场革除徐恂职务，限期重修翻整。其他人听闻此事，不待林则徐查验，连忙自行翻整。

又一日，他到兰仪厅蔡家楼汛地查验"埽子"。

"埽子"是一种用高粱秆和杨柳枝再加上泥土黏合而成的筑堤材料。"埽子"既是修堤第一要件，也是河工贪污、中饱私囊的第一弊端。

林则徐清廉明察的声望本已远近驰名，此次种种雷厉风行的举措，更使得兰仪厅同知于卿保不敢掉以轻心、随便应付。

于卿保毕恭毕敬地迎接林则徐，埽子堆叠得整整齐齐，报上的数目清清楚楚。

林则徐听他唱报的时候，面上并无太多表情。

北方朔风飒飒作响，利如刀刃，冷得让人难受。林则徐不说话的时候自有威仪，更压得于卿保隐隐觉得透不过气来。

于卿保堆着笑说："天冷，下官备了热茶。大人，您要不要歇一会儿？"按照过去河督的习惯，这样便可算是巡查完毕了。

"不急，"林则徐转头吩咐随从，"垛子的高宽都要仔细丈量，新旧也要细心查看，如果发现过松的垛子就抽出来查验、过秤。有怀疑的，就拆开来看。"

于卿保顿时傻了眼，从来没有一个河督是这样做的。

于卿保还在失神的时候，林则徐的随从高喊一声"是"，随即跟着林则徐穿梭于垛与垛的走道之中。

于卿保见状，急忙跟在后面。

林则徐穿梭其间，不厌其烦，并不是装模作样，只看看头一层的垛子而已。

"这样一一查核，不是太耽误大人的时间了吗？"于卿保心跳加快，想说话又不大敢说，声音喃喃地含糊在嘴里。

没想到林则徐竟然听到了，说："不会。沿河而行，一厅一厅地看、一垛一垛地查，约莫月余的时间就可以查完了。"语气意外地轻松。

别人花几盏茶工夫就可审查完的工程，他却愿意花上月余的时间去做。

于卿保一听，喉头发干，一句话也挤不出来。

"大人。"林则徐的手下查验出来，有一个垛子是用腐烂潮湿的草料垫底。

于卿保暗暗叫惨，林则徐看着于卿保，当场脸色一沉，喝道："大胆于卿保！你这是拿老百姓的命开玩笑吗？"

那震慑人的气势吓得于卿保双腿发软，顿时跪下。"卑……职……卑职……"他急出了一身的汗。

"革职查办。"林则徐冷冷地丢出了这句话。

　　　　　※　　　　　　※　　　　　　※

河工经过林则徐的整治之后，积弊彻底澄清，愈益增进了道光皇帝对他的信任，因此不等林则徐河务告一段落，便在道光十二年（1832）二月，命令林则徐为江苏巡抚。林则徐因河工任务未了，直到五月二十五日才交卸河

东河道总督职务，前往江苏就任。

江苏以往被称为"鱼米之乡"，但是林则徐接任时，却不是如此。这是因为清朝入关之后，江苏的钱漕负担远较各省为重。

古代宫廷消费、百官俸禄与军饷支付的米粮，主要是由水道调运，称为"漕粮"。漕运经过的地方，都要分担供给漕粮的责任。官方所征收的漕粮又须分装成上千艘粮船，经运河北上，每船须支付巨额的运粮津贴，因此，这些地方州府除了要负担漕粮之外，还须应付数百万的运费。漕运沿途，不但有贪官污吏巧立名目向人民勒索，甚至连运粮的水手亦结成帮派，鱼肉粮船所经过的地方商民。因此江苏地区就算是丰年，也不见往日富庶情景。

近几年，江苏又苦于天灾不断，百姓生活更加艰难。林则徐到任那年，江苏已是连年大水，特别是淮扬一带，低洼地区多处被淹。林则徐一方面兴堵堤坝，使积水渐消，另一方面领导僚属捐钱，赈济灾民，并清查非灾民而冒充者，严惩借机牟利的不肖分子。

次年，道光十三年七八月间，江苏沿江多县遭受水患。照例，赈款应候勘定灾情报请皇帝批准后才可以发给。林则徐以灾民嗷嗷待哺，迫不及待，特先行拨款抚恤。此项要求得到道光皇帝批准。

林则徐刚筹办完这些县的赈灾事宜，同年九、十月间，太仓、镇洋、嘉定、宝山四州县因秋雨连绵，收成欠佳。他随即会同两江总督陶澍上奏，准许缓征此地钱粮。

十月之后，大雨滂沱不止，逼近冬至之时，雨雪又纷纷不停，苏、松、常、镇、太仓这四府一州因灾荒使收成锐减，生计无法维持，百姓几乎已经到了断粮的地步。但此区偏偏又是江苏全省十分之九钱粮所出之地，雪上加霜的惨景，使百姓根本无力缴纳钱粮。按例，每年过了九月之后，不许再报灾荒。

林则徐面对如此困境，连夜找了陶澍商议对策。

总督府议事厅的蜡烛已燃过半，两人还在商讨研议。

"情况这样严重，还是得据实陈报，恳请圣上缓征这些地方的钱粮。"林则徐下了决定。

"我也会与你联衔上疏的。"陶澍表示支持林则徐的决定。他们的情谊向来就好，十月的时候也曾为水灾一同上奏。

"那就由下官来上奏。"林则徐亲自走访灾区，灾民的困境，他是最为清楚的。一想到灾民饥寒交迫、惶惶不安的困境，他就恨不得立刻下笔。

"启禀大人，"陶澍的下人入内禀告，"军机处递了廷寄①来。"

陶澍和林则徐面面相觑，接了谕旨。

旨中严厉地指责，江苏地区这几年来几乎年年都要求缓征岁收并给予赈灾，国家的经费支出都是固定的，哪里容得下一年又一年把缓征岁收的恩典当成习惯？

道光皇帝另外还斥责地方督抚，说他们不肯为国家承担百姓的抱怨，不以国计为重要紧急之事，使得表面上看来是国家施恩给百姓，但实际上百姓并没有获得益处，缓征税收不过是让底下官员中饱私囊，而地方大官博取好名声罢了。

道光皇帝承继帝位的时候，大清国库已经空虚，因此

---

① 廷寄，虽然名义上是由军机处寄发，但是内容却是皇帝告诫官员、指授兵略、责问刑罚等较为机密的事情，用寄信谕旨。

他相当节俭吝啬。虽知道江南近年多灾多难，但是他仍然先发制人，指责地方督抚无能，为了博取声名，只知道每年一再要求缓征。

谕旨中严厉的措辞，无疑是彻底关闭了续请缓征钱粮的门路。

"这……"陶澍和林则徐同时呆住了。

陶澍叹了口气。"看来是不可能缓征钱粮的了。"

林则徐脱口说道："那灾民何去何从？"他打从心底不能接受这道谕旨。

陶澍愣了愣，赶紧劝说："圣上才严旨斥责，这节骨眼要是再提缓征钱粮，冒犯了皇上，只怕连你我自身都难保了。灾民的处境，我看了也是难过，要不然我怎么会把自己的俸禄全部捐出来呢？只是此时此刻不比平常啊！我们为人臣下的能不听从圣上的旨意吗？"

林则徐并不是不明白陶澍说的道理，只是一想到灾民，他的心头就像是被千万斤石头压着。

"则徐啊！你向来是个识大体的人，这次可千万别莽撞，"陶澍叹了叹，"做官难啊！"

"做官难啊……"林则徐喃喃地重复着这句话。

他自从当官以来，一直蒙受道光皇帝特殊知遇。官位越高、圣恩越重，他越是谨慎小心，不敢恃宠而骄，更不敢辜负道光皇帝的期待与信任。

做官难啊！所以十三年前，他就曾经辞官归隐，只是那时候多少带着年少受不得屈辱的意气用事。往后为官，他但求无愧于心，不只任劳，而且任怨。旁人的谤毁、责难，他全不放在心上。

做官难啊！但是寻常百姓苦啊！他们只能盼望着官员为他们造福。他自求学以来，父亲耳提面命的也只有此事。他再度为官，也是为此而任劳任怨。

林则徐轻叹。官场上，无论他怎样尽心尽力，总有无奈无力之处。

"至少这个时候，绝对不能跟圣上提起缓征钱粮的事。"陶澍的说法有些转圜的意思。

林则徐目光中满是悲悯与愁苦，竟微微像是有泪。"灾民拿什么熬下去？拿什么去等呢？"

陶澍被林则徐的神态与语气打动了，有一刻，他也说不出话来。半晌，他才喃喃地说："兹事体大啊！"

此时联衔上疏，太过贸然躁进。但是钱粮无法缓征，灾民的处境又让人同情。

"灾民要不就是被逼上死路，要不就是被逼上梁山，沦为盗匪。"林则徐清楚这个道理，所以无论多么无奈无力，他也得一搏，"我还是会上疏的。"

"这、这、这……"陶澍冒了汗，"这不可贸然啊！"

林则徐做了决定之后，心头反而有种慷慨赴义的泰然轻松。"倘若圣上有什么处分，下官必无怨言，愿独自承受，绝对不拖累大人。"

"唉、唉、唉……哎呀！"陶澍连声叹气，一急却什么也说不出来，好半晌，又叹了一口气，"你就这么不顾自己的前程吗？"语气中不知道是惋惜、是敬佩，还是不解。

"大人，"林则徐一时难过，忍着泪，"不是不顾，是顾不上啊！"

灾民忍饥受寒的苦让他难过。倘若置灾民生死不管，他寝食如何能安？因此，他只能忤逆皇上圣意，冒犯天子威严。

林则徐奋不顾身地撰疏上奏，全文约三千字，婉转详尽，几于声泪俱下。奏疏感动了素来惜财的道光皇帝，终于使他收回成命。

灾荒中，林则徐除了奏准缓征灾区钱粮，另一方面则呼吁官民踊跃捐输，以增辟赈款来源。

他厘定严密章程，动用生员①参加放赈工作，彻底革除黑幕重重的赈务弊端。

次年，百姓生活青黄不接期间，林则徐扩大以工代赈的设施，让灾民参与水利工程兴修。

林则徐在江苏担任五年的巡抚，除了勤政爱民之外，还排除万难，改革漕政与水利。江苏在他的经营之下，由年年歉收转为五谷丰登。

据记载，当时乡间的老妇人与小孩子，大多不曾听过什么位高权重的大人物，但是他们都知道，林则徐是位难得的好官。

————————

① 生员，等于现在的大学生。

4. 力主禁烟意刚强

道光十五年（1835）十二月，林则徐奉旨赴江宁接署两江总督兼两淮盐政。道光十七年正月，道光皇帝召见林则徐，擢升他为湖广总督。

道光十八年，林则徐任湖广总督第二年，闰四月二十七日，一天之内接到私人信件三十三封。信件来自京师、天津、江宁以及广州等地。

各地急件不断，内容全围绕在鸦片究竟是弛是禁的争议之上。

鸦片一名阿芙蓉，用罂粟花的汁液制成。远在唐朝中叶，罂粟已由土耳其和阿拉伯输入中国，作为口服的药材。约在明末时期，药用的口服鸦片始由南洋商人将鸦片混入烟草，以吸食取代口服。到了明末清初，这种吸食鸦片烟的习惯传到福建和广东的沿海地区。

康熙年间，输入中国的鸦片曾列为药材，进口纳税。雍正七年（1729）以鸦片烟传播日广，害人不浅，开始下令严禁。往后，有时禁止，有时仍准进口。嘉庆一朝，禁烟政令逐步加严，从那时起，进口的鸦片多是暗中走私偷运。

鸦片初入中国时，价钱昂贵，只有最有钱的人才能购来吸食，因而宫廷受祸最先，王公贵族与皇帝近侍吸食成瘾的人很多。随着英国将印度种植的鸦片大量运到中国销售，烟价渐低，销行范围日广。不止东南沿海一带，连内地也到处可见因为吸食鸦片而倾家荡产的乞丐或骨瘦如柴的人。

道光年间，清朝每年的税收不过银钱四千余万两，而民间因为购买鸦片所花费的银钱数字，就逼近了国家当年全部财政收入，问题极为严重。

中国以银钱向外国购买毒品鸦片，造成中国存银逐年急剧减少，不但影响中国财政经济，更严重摧毁了一般人民的生计。清代民间纳税，一律用银，或按银价支付钱。旧例，银一两等于制钱①一千。可是因为银量不足，到道

①　制钱，官方制造的钱币。

54

光中季，银一两已经等于制钱一千六百。平民主要收入是制钱，银贵钱贱的局面，使平民纳税的负担大增。于是，平民逃亡日多，政府不但要面对税收不足的窘境，也得处理四起的骚动。

道光年间，禁烟逐步加严，舆论方面根绝烟祸的呼声也是逐年升高。但是禁烟的声浪多发自中层人士，高级官员中，或贪求外夷的贿赂，或惧怕外夷挑衅生事，或本身染有吸食恶瘾，力主严禁的人很少。

因为当时一般人对鸦片输入问题多偏重于它对财政经济的影响，甚至有部分官员主张鸦片弛禁，让民间自种罂粟，以遏止银钱外流的问题。

道光十六年（1836），任太常寺少卿的许乃济取得了向皇帝直接奏事的地位后，便集弛禁论的大成，公然上折明请弛禁。

广东是英国人进口走私鸦片的大本营，而两广总督邓廷桢在复奏中，不但表示完全赞同弛禁，还拟出九条章程，以便利弛禁政策的执行。

英国当时雇用中国人进入广东衙门，得知邓廷桢的密折内容，无不欢欣鼓舞。英籍烟贩以为鸦片即将弛禁，买卖会更兴旺，随即纷纷加码，将先前一年进口两万箱，增至三万余箱。次年（道光十七年）更增至四万箱，中国外流白银多增两千五百多万两。

此一局面使得禁烟派强烈反击弛禁派。道光十八年闰四月初十，禁烟派以鸿胪寺卿黄爵滋为首，向道光皇帝奏请严禁鸦片。

黄爵滋提出重治吸食鸦片者，以一年为期，对于限期内不能禁吸者，"当以死刑论处"，以严禁鸦片。此空前未有的严厉论点一出，震惊了朝野上下。道光皇帝阅奏后，并未立刻表示意见。他降谕内阁，要求盛京、吉林、黑龙江将军及直隶等各省督抚，各自发表自己的想法，妥善议定章程，迅速地书写秉明。

道光皇帝等着各地官员表达看法，为此朝中闹得沸沸扬扬。因为这个原故，林则徐才会在一天之内收到三十三封信。

朝中禁烟派主将多是林则徐挚友，关于禁烟一事，林则徐与他们早就多有讨论。在江苏巡抚任内，林则徐就曾上奏，以"谋财害命"四字痛责英人贩卖鸦片的恶行，提出严厉的禁烟主张。

道光皇帝下旨后，林则徐随即于五月初七上奏，表达禁烟立场。

林则徐考虑道光皇帝必等到各省大吏复奏到齐，才好斟酌定计。在这段时日，他率先在湖广地区雷厉风行地推行禁烟，由于步骤翔实，成效斐然。林则徐的挚友两江总督陶澍也随之响应，开创了禁烟风气的新局面。

八月中，各省督抚对黄爵滋建议的复奏陆续到达京师，其中反对远多于赞成。道光皇帝在徘徊不定中，收到林则徐的奏折。

奏折陈述："若犹泄泄视之，是使数十年之后，中原几无可以御敌之兵，且无可以充饷之银。"

林则徐严正地指出，任由鸦片烟泛滥下去，将没有可以防御的兵力，也没有可以缴纳税收的银两，国家的军事与财政必然崩溃。

军事与财政，乃是国家之本。林则徐的醒世警语让道光皇帝悚然心惊，因此坚定了反烟决心。此外，林则徐禁

烟的成绩也提高了道光皇帝的信心。之后，道光皇帝展开了一连串的行动，表示他禁烟的坚强意志。

九月八日，道光皇帝降旨，对吸烟成瘾而不知悔改的官员一体查办。九月十一日，道光皇帝惩处了两年前公开建议鸦片弛禁的许乃济。

这几日，首席军机大臣穆彰阿府邸出入的人比平时还多。

直隶总督琦善刚进去，就撞到了一脸颓丧的庄亲王奕賫。琦善行了礼，奕賫没跟他说上两句，就无精打采地离开了。

穆彰阿和琦善都是满人，也都深受道光皇帝的信任，尤其是穆彰阿，道光八年就担任军机大臣一职，蝉联十年，更于去年升任首席军机大臣。林则徐的恩师曹振镛死后，朝中最得道光皇帝信任的便是穆彰阿了。

琦善在满族的地位仅次于穆彰阿。由于直隶省地处京畿要地，清朝各省督抚中，最受重用的便是直隶总督。

穆彰阿与琦善往来极为密切，关于鸦片一事，两人都从走私买卖中收到不少好处，因此都是主张弛禁的。

琦善等下人通报后，直往内厅求见穆彰阿。

穆彰阿躺在丝绒铺垫的摇躺椅上，左右四个丫鬟伺候在旁。他见琦善进来，便把丫鬟支开了。

"穆中堂①，"琦善叫了声穆彰阿，"我看眼前这形势越来越严峻了。禁烟一事，圣上这次不像是说说而已。"

穆彰阿抬了眼。"圣上哪句话，咱们为人臣子的，可以当是说说而已？"

穆彰阿没来由地冒了这么句语气严峻的话，琦善一怔，呆愣了半晌，不知道说什么才好。

穆彰阿嘴角微微一扬，仿佛在笑琦善太不机灵了。

"你在门口见着庄亲王了吧？"穆彰阿说。

"是，"琦善说，"庄亲王看来精神不大好。"

他们两个都知道庄亲王吸食鸦片已经成瘾。近来的气氛不对，恐怕连庄亲王的货源也受了影响。

穆彰阿直说："他是来向我求救的。你猜，我怎么跟他说的？"

---

① 中堂，清朝内阁的首辅大学士以及协办大学士都被称为中堂。

庄亲王知道穆彰阿也吸食鸦片，特地跟穆彰阿要点鸦片来抽。

琦善想了想，皱了眉头。"这时候触怒圣上的意思，不大好吧？"

穆彰阿一听，有了笑意。"我也是这样想的。所以我送他两支长白山的老参，还劝他，为了他的身体好，为了朝廷好，这烟要早点戒了。"

琦善稍微有些意外，但是一会儿之后，对穆彰阿更加佩服了。

这穆彰阿对圣意体察入微，见风转舵的本事只怕是朝中第一。

琦善佩服说："中堂真是深明大义啊！中堂说得对。圣上的话，咱们为人臣子的，自然要尽心尽力地达成。这两个月，我可是不敢稍有懈怠，整日都在查缉那些走私鸦片的人。我才要跟中堂报告，那天在天津大沽一带的洋船上，查获鸦片烟土十三万一千五百余两，还抓了一批奸商呢！"

其实查缉走私这事情，他心里是百般无奈，所以才会想来求见穆彰阿，问问穆彰阿他该如何拿捏分寸。抓多了，损失大，心里不甘；抓少了，又怕圣上不悦。

不过眼下听了穆彰阿的话，他心里就有底了。

鸦片泛滥，他们暗中晓得，连皇帝都曾吸食过。不过也许正因为这样，道光皇帝更急于严厉禁止，所以此刻若只是敷衍了事，绝对无法让皇帝满意。

穆彰阿大笑。"现在，你就是得跟紧林则徐的脚步。"

他的笑里充满着他老奸巨猾的世故，可也透着些酸味。

"皇上对他可信任了！"穆彰阿忍不住也多说了两句，"各地上来的复奏二十九件，其中反对黄爵滋严禁主张的占二十一件，赞成的只有八件。林则徐那一件啊……"

穆彰阿顿了一顿。"举足轻重，扭转乾坤啊！"穆彰阿笑得诡异。

"林则徐啊……"说到他，琦善叹了一口气，"我算是在他手里栽过的 ①。"

---

① 嘉庆二十五年（1820），林则徐担任江南道监察御史时，曾向嘉庆帝奏报河工种种弊端。嘉庆帝盛怒之下，一纸诏书指责前任河南巡抚琦善督修河工不善，以致弊端丛生，将他褫职议处。不过琦善的灵机应变让他重获重用，往后又一路升到了直隶总督之职。

琦善话锋一转，说："其实这是快二十年前的事情了，我也没把它记在心里。后来，林则徐为江苏臬司的时候，我是总督，也曾经推荐过他呢！现在大家同朝为官，自然是要一同为圣上分忧解劳。"

琦善言不由衷地说完后，和穆彰阿心照不宣地笑了。

没多久，庄亲王因为吸食鸦片被查获，被革去王爵，罚俸两年。九月二十三日道光皇帝降旨，宣召林则徐进京商讨根除烟祸之事。

一切都如穆彰阿所预料，只是林则徐之后受到的恩宠远超过穆彰阿的想象。

※　　　　※　　　　※

道光十八年（1838），林则徐五十四岁，十一月初十抵京。从十一月十一日起，到同月十八日止，一共八天，每日清早道光皇帝都召见林则徐，一共八次，每次少则半小时，多则将近一小时。

按例，皇帝日理万机，召见大臣议事，每次费时不可能太久。林则徐却连见八次，一次约在半小时到一小时间，这可说是例外中的例外。

按照清代上朝的礼仪，臣下向皇帝奏事，必须跪奏，年纪大的，或奏事时间长的，得特准于下跪的地方铺上毡垫，以示体恤，这算是一种"恩遇"。林则徐八次被召见，皆上毡垫。

更难得的是，道光皇帝特赐林则徐"在紫禁城内骑马"。常例，百官从东华门进入紫禁城后，只许步行，唯有时常入宫奏事而且年过六十以上的大官，经皇帝特赐紫禁城骑马后，才能骑马代步，不能骑马的文人则改坐轿子；外地官员偶然入觐，是不容易得到这种"殊遇"的。

道光皇帝为了提高林则徐的权威，使他能有效地执行政策，对林则徐破例而重加优遇。十一月十五日，道光皇帝颁布诏谕：颁给林则徐钦差大臣关防①，前往广东，查办海口事件。

数十年来，所有关于海口走私鸦片的问题，总是责成广东督抚就地处理。道光皇帝为了彻底禁绝鸦片，乃特派

————————

① 关防，刻有政府机关全衔的印信。

林则徐为钦差大臣，亲赴广东查缉。

清朝开国之初，曾三次简派①钦差大臣，颁布关防，后来便未再派，现在重行隆重难得的宏恩厚泽，更可见道光皇帝杜绝烟祸的决心。不过考虑到此事必然与英人有所交涉，故诏谕含糊地以"查办海口事件"把鸦片问题含括在内。

道光皇帝颁布诏谕之后，又特地降谕给两广总督，责其和钦差大臣通力合作。此外，更将首倡严刑禁烟的黄爵滋擢升为大理寺少卿，种种举措，都是为了壮大禁烟的声势。

林则徐受道光皇帝委以重任，在京短短十三天，除了进宫召对之外，无日不与朋友会面周旋。

十一月十九日，林则徐晚上拜见了军机大臣王鼎。王鼎是曹振镛死后在朝中最支持林则徐的一位大臣。

王鼎备了酒菜款待林则徐。他举杯敬林则徐道："则徐，我为圣上、为社稷、为天下苍生，敬你一杯。感谢

---

① 简派，公家机关派用人员的一种官等，多用于临时机关或有限期之临时专任职务上。

你……"老迈的王鼎心绪复杂，话语就这么哽在喉咙。

他顿了一下，豪迈潇洒地干了酒，至诚地说："感谢你为禁烟的事情奔走。"

王鼎看到林则徐担任钦差大臣，心里觉得欣慰、快意，却说不出"恭喜"两个字。一方面，他为国家高兴，但另一方面，他却为林则徐忧虑。

圣上的恩宠有多重，林则徐所面临的凶险就有多大。

林则徐看出了王鼎的心事。他饮了一口酒，坦言道："钦差一职，我是跟圣上恳辞过的。"

王鼎愣了一下。林则徐接口："我所忧虑的不是个人的祸福荣辱，而是因为此事关系国运前途，许成不许败。我出宫的时候遇到琦善大人，他还特地跟我说，要我不能因为此事触怒英夷，开启双方战争。"

王鼎怒得扬了眉。"琦善和穆彰阿，他们两个人这次可忌妒你了。你去禁烟，又挡了他们的财路，他们巴不得找个机会，狠狠拉你下台。不过你别担心，尽管放心地去广东，皇上那里我替你顶着，绝不让他们在京中扯你后腿。"

王鼎说得一片肺腑，慷慨激昂。

林则徐听得感动，微微一笑。"不管怎么说，与外夷应对，的确是棘手的大问题。四年前，英夷曾在我广东海域出入，炮轰我虎门炮台。英夷所凭借的仅仅是两只夷船，我方竟不能击退。我海防空虚，莫怪夷人有恃无恐，气焰嚣张。"

说到后来，林则徐感慨万分。"夷人明着来的是炮火威胁，暗着来的是鸦片毒害。我堂堂华夏，若不能扫荡鸦片流毒，不用等夷人大炮轰击……"

林则徐不再说下去，王鼎却心直口快地接了："早晚我清朝就这样亡了。"

两人四目相接，一下子陷入沉重的寂静。这本该是心照不宣的焦虑忧愁。

王鼎终于压不住心头的愤慨，颤抖的手往桌上一拍。"亡在居心叵测的外夷手里，亡在从京城到广东那层层收贿的官员手里，亡在本该捉拿走私犯却包庇奸商的广东水师手里，亡在那贪图厚利、居中买卖的洋行手里，亡在那终日吸食鸦片、精神萎靡的烟鬼手里。"

这就是禁烟的万般困难，若要成功势比登天还难。

王鼎说到后来，眼泪掉了。

林则徐忍着，神色庄严地说："相国，眼前纵是千军万马，则徐纵是孤身一人，也绝不临阵脱逃。"

那奋不顾身的无惧神态，不是基于一时的慷慨激昂，而是基于国事千秋的肃穆凛然。

王鼎为这样不凡的气度所慑服，他擦了泪，羞赧一笑。"在你面前哭了，倒是惭愧。"

林则徐脸暗红，为王鼎的坦率赤诚而感动。"相国言重了。则徐又岂无男儿泪？"

王鼎豪迈地扬了笑。"我们都不哭，好好地喝上一杯。敬你干的这番轰轰烈烈的大事。我听说两广总督邓廷桢，之前禁烟的心意虽是不坚，近来查缉的动作倒是积极。希望他能与你真诚合作，不让你孤军奋战。若不是这身皮囊老朽，我也恨不得与你前去广东，同生共死。"

嘴角虽是笑着，老王鼎的眼眶却还是潮湿的。

"这杯我干了。"林则徐一饮而尽，眼睛红了。

此刻就痛快共饮吧！没人知道今夜之后，两人是否还有再见之时。

5. 运筹帷幄排万难

林则徐正式离京之前，密派一批懂得洋情的官员，先赶到广东，嘱咐他们尽量搜集关于洋人的情报，包括有关各国的国情、外籍烟贩的活动、华籍奸民与外商勾结的情况，以至于各级官吏及各衙门公差、文武官员等纳贿纵私的行为，等等。

道光十八年（1838）十一月二十三日正午，林则徐在京启用钦差大臣关防印信，发传牌，由正阳门出彰仪门，启程南下。

林则徐还没来到广州，他受命为钦差大臣的消息已于十二月初七日传到广州。道光十九年正月十一日，林则徐整合收集到的情报，从江西泰和县发出一封密札，赶寄给广东布、按两司，命令他们密拿所开列的烟贩，其中多人在公门任职，表面上缉拿走私，实际上却自己从事贩卖。

密札上呈到了两广总督邓廷桢手里。

邓廷桢是江苏江宁（今南京）人，道光六年任安徽巡抚，政绩卓著，道光十五年升两广总督。以年龄说，邓廷桢长林则徐十岁；以科名论，邓廷桢比林则徐早取得科考功名；以做官的资历言，邓廷桢被封在地方上担任大官，也比林则徐早了六年。

邓廷桢喃喃念着林则徐所开列的人犯名单与犯罪事宜。

"捐职①都司王振高……"

这个人，邓廷桢是知道的。两年前，道光皇帝曾降旨责成邓廷桢查究此人是否有暗开窑口、贩卖鸦片之事。

当时，邓廷桢以王振高在他底下多年，效用得力，获案甚多为由，替王振高担保。

而林则徐这次，人还没到，就已经先拿王振高等人杀鸡儆猴了。

"王振高……住家两处，一在市桥，一在永清门外新

---

① 捐职，指花钱买官。

沙三板桥对过小巷南头路西……道光十四年，捐都司，嗣经管驾巡船，包庇走私，每烟土百斤，收规洋四十元。与罗姓在新豆栏回澜桥开东昌洋行……"

林则徐列出的事项详实，绝非子虚乌有，凭空捏造。这样的数据让邓廷桢不得不承认，他真的被王振高这批人给蒙蔽了多年。

邓廷桢念道："林则徐倒真是个精细厉害、明察秋毫的人。"为官多年，他和林则徐虽然不熟，但多少有些私谊。林则徐办事的手段令他真的服气。

两年多前，他曾上奏要求弛禁鸦片。当时消息一出，广东地区吸食鸦片情形骤然恶化。他逐渐觉察形势不对，皇上指责态度也趋严厉。近来，他也力图振作，只是这层层积弊，多少让他有些使不上力。

林则徐来广东，对禁绝鸦片……应该是好事。

想到这一层，邓廷桢的心绪隐隐有些复杂。

就在这时候，底下人来报，说是水师总兵韩肇庆求见。

韩肇庆是他一手提拔的人，关系与他亲近。

"让他进来吧。"邓廷桢想了一下，把密札收了起来。

韩肇庆进来时，正好看到邓廷桢收起密札。

林则徐列出了要捉拿的名单，这件事情韩肇庆已经有所听闻。

韩肇庆的本事比邓廷桢想的还厉害。

他利用自己在水师的职务，和英国烟贩约定，每输入万箱鸦片，交数百箱给水师。水师再以缉私所获为理由，呈给上级报功。甚至，他会以水师船代运鸦片，按箱索贿。于是他一方面发财，一方面升官；进而一方面索贿，一方面行贿，以确保自身的荣华利禄。

韩肇庆挺起胸膛说："禀报大人，水师巡船又传捷报，拦截英夷企图走私的鸦片一百二十箱。"

"很好，"邓廷桢清了清嗓子说，"钦差大臣要来了。你务必全力配合，共同为国效力。你好好办，拿出成绩，别让钦差大人……失望了。"

邓廷桢到底不想让林则徐看轻了他的办事能力。

"这个自然，"韩肇庆面露懊恼地说，"本来我们一直密切观察英夷查顿，就等搜集到他走私鸦片的事实，将他绳之以法。谁晓得，他逃得这么快，功亏一篑，没能让钦差大臣看看我们的本事。"

查顿，英国人，是当时广东最大的鸦片走私头子。两广总督邓廷桢曾多次想将他驱逐出境，查顿却依然待在广州不走，猖獗地进行走私。

不过一听闻林则徐将来广州，查顿随即遁逃回英国。

想到这件事情，邓廷桢的口气不自觉变得严厉："别跟我说大话。我们要真有本事，钦差大臣还会来广州吗？"这就是他心头隐隐不舒服的地方。

韩肇庆呐呐地说："是，属下必尽全力，让夷人没有走私机会。"

邓廷桢不作声，轻哼了一声。

※　　　　　※　　　　　※

道光十九年（1939），林则徐五十五岁，于正月二十五日行抵广州。他一登岸，官民争睹，岸上人山人海。

两广总督邓廷桢率领广东巡抚怡良、海关监督豫堃、水师提督关天培等文武官员，共同迎接林则徐。

林则徐除了与邓廷桢亲切交谈之外，更激动地扶起水

师提督关天培。

关天培年约六十，出身行伍，是个刚正、鲁直、坦率的汉子。林则徐于江苏就任时，关天培便在他手底下任职总兵，两人共事许久，早有情谊。

此次见面，彼此交谈寒暄，气氛融洽。

钦差的行辕①设在越华书院。当天，林则徐一一回拜了迎接他的所有官员，直到深夜才回到书院安寝。

隔天，林则徐贴上告示，公开表示不接受地方任何供应，也不许奸人借钦差名义骚扰百姓，并严格限制随从人员，不许擅离左右，彻底杜绝不肖人等企图打点关说②及在外招摇或泄露机密。

前七天，林则徐除了头一两天曾出外答拜访客外，其余各日，都深居行辕里，偶尔接见必须咨询的客人，并与有关文武官员商议。此外，林则徐还通过邓廷桢的介绍，找来两名翻译人员，翻译外国书籍报纸，从而了解外情。

第八天，林则徐将勾结外商、走私鸦片的十三行负责

---

① 行辕，大官外出时所驻的地方。
② 关说，代人陈说，替人说好话。

人①都集中在越华书院附近暂住，并禁止外商离开广州。

接着，林则徐传讯了十三行的负责人。

这些行商借着私贩鸦片累积巨额财富。为首的伍绍荣虽待在广州，却绝对是见过世面的人，京里的达官贵人收过他好处的也不少。偏偏对林则徐，他是半分钱都不敢送上，只怕送了钱还要误事。

林则徐传讯行商，伍绍荣带头跪着。

林则徐劈头就问："广州的鸦片问题依你们看，是严重还是不严重？"他的语气算不上是严厉，但面无表情，让人更难揣度。

行商们面面相觑，不知道怎么回答才是最好。

说不严重，那是睁眼说瞎话；说严重，行商似乎又难逃干系。

伍绍荣想了一下，恭敬地说："我们都是老实的生意人，鸦片怎么进来的，我们实在不知道。水师巡船天天在

---

① 十三行，清政府于广州设立的特许经营对外贸易的商行的统称，亦称"洋行"或"外洋行"等，此时实际上仅存十一家，其中怡和行的伍绍荣是"总商"。

海面上巡查，谅夷人也不至于太过嚣张。"

伍绍荣三言两语把话带过。一来，林则徐查无实证，不能说他们协助英人走私；二来，他把水师拉下水。要林则徐该严办的话，就先去抓水师，别从他们身上开刀。

这番狡猾的应对让其他行商内心暗暗地松了一口气。

一旁水师的相关人员——提督关天培和总兵韩肇庆脸色却是难看。邓廷桢这样一听，心头也不是滋味。

"查顿，你们是知道的吧？"林则徐轻哼了一声，"他的船进口，是谁替他具结①声称没有携带鸦片？他住的夷馆是谁为他盖的？谁租给他的？谁替夷馆雇用打杂人员以及工役？这些是行商的事情，不是水师的事情吧！哪些人跟外夷往来，买卖鸦片，你等行商竟然不闻不见吗？"

行商们无言，林则徐呷了一口茶。"你等呈报，说跟夷人交易是以货易货，还说每年交易之外，夷人总应该找入内地洋钱四五百万元不等。如果真是这样，为什么近来夷船并无携带新洋钱到港，而内地洋钱日少一日？哪里是

----

① 具结，对官署提出负责的文件。

什么以货易货！分明就是以纹银出洋，以鸦片入口。"

听林则徐这么说，伍绍荣暗自捏了一把冷汗。林则徐虽是初来广州，但是掌握的事情，远比行商们想的精深。

林则徐的语气越见严厉，行商们的心也紧紧地悬着。

"之前有七只三板船，因为你等屡屡禀奏，才准许他们通行，可上面竟然携带火药。挟带火药之事，你等怎么说？是知还是不知？"

林则徐又是一问，行商们心跳更快了。

林则徐怒声喝道："如果不知道这件事，要你等何用？如果知道这件事情，那你等罪不容诛！"

语毕，林则徐把茶杯一摔，"砰"地一下，行商们的心头"咚"地一震。严厉的气氛下，有人软了腿。

"你等竟然以为一句什么都不知情，就可以将所有罪行推托！伍绍荣，你有多少稻田、住宅、店铺、银号，以及在英美船上的货物值多少钱，怎么来的，本部堂一清二楚。"林则徐再看了伍绍荣一眼，吓得他说不出话来。

林则徐站了起来，在跪着的伍绍荣等人看来，更显威仪。"听好，我给你等一个建功赎罪的机会。我这里有一

份给洋商的谕帖，你等交给洋商，告知他们将囤积在船上的鸦片编造清册，尽数缴官，验明后毁化，以杜绝鸦片之害。另外，还要夷人具结保证往后永远不再贩烟。一旦查出来再有走私的情形，货物全数没收，人员随即正法。"

这番传讯下来，伍绍荣知道林则徐不是装腔作势，心头愁苦不已。洋商怎么可能甘心把鸦片都缴出来呢？

林则徐接着又道："我给你们三天时间，要洋人缴出鸦片。办不好这件事情，本部堂立即恭请王命，将你等罪孽深重之人抄家正法！"

伍绍荣一听，只觉得眼前一片漆黑。他软了腿，目光正好落在跌碎的茶杯上。他不自觉地摸了摸自己的脖子，手心一片冰凉。

※　　　　　※　　　　　※

数日后，林则徐在邓廷桢和水师提督关天培等人的陪同下，前往军事要地虎门，视察水师的军事布防。

视察时，邓廷桢和林则徐说到夷人缴交鸦片的情形。"林大人真是不简单，"邓廷桢真心诚意地说，"夷人已经上禀，说是愿意缴交一千零三十七箱鸦片。虽然离真实数目还有一段距离，但是能这样已属难得了。"

目睹林则徐提讯行商，邓廷桢真的服了。更让他佩服的是，林则徐并不因循姑息，仍然继续施加压力，要洋商尽数缴交鸦片。

"是啊！"关天培豪迈地说，"大人那天好威风！"

那天行商们在言语间想把水师拖下来，他身为水师提督，心里实在是闷啊！好在林则徐算是替他出了一口气。

其实，水师问题重重，关天培并非不知情，只是他孤掌难鸣。

"我的威风是假的。"林则徐突然低叹。

"就像这些大炮，"林则徐看着布防的炮台，有感而发地说，"外表还像个样子，但是万一真的跟夷人硬碰硬的话……"

邓廷桢没想到林则徐这样坦率地说出这些话来，一时愣了。

广东地区有很多不利于邓廷桢的流言，都说邓廷桢也收受贿赂。

林则徐通过他所获得的情报，以及这些日子的观察，他相信邓廷桢虽然被手下的人蒙蔽，但倒还不至于受贿。

禁烟这事困难重重，加上官场上尔虞我诈，他身边能协助他的人实在不多，林则徐只能赤诚相待，以获得邓廷桢的全力协助。

林则徐看着邓廷桢，说："我是吓住了那群行商，但是要整治夷人，哪里那么容易？缴交鸦片的事情，我听说颠地从中作梗，煽动其他洋商拒缴。"

邓廷桢接口："颠地这人是仅次于查顿的鸦片头子。因为他所带的鸦片最多，不甘损失，自然不愿意缴交。这人非捉拿不可。"邓廷桢口气强硬。

"抓是要抓，只是还有其他问题，"林则徐忧虑地说，"这两天英夷的商务监督义律从澳门来了。他是英国的官方代表，之前也曾经表达合作禁烟的善意。我本来以为他会约束烟贩，没想到他这次来不但布置一艘军舰在广州外海，还直接下榻在颠地的住处。就怕他不但与烟贩关系非比寻常，甚至将以武力作为烟贩的后盾。夷人狡诈，形势多变。"

邓廷桢也明白事情的复杂，心头沉了。

"钦差大人在这里，任他夷人怎么狡诈，怎么多变，我们都不怕。"关天培朗声说着。他素来相信林则徐的能力。

"钦差大人这头衔是好听，但我总归只有一个人，顶一个脑袋，"林则徐明白地说，"我离京之前，早已奏请朝廷钦定禁烟条例。如今数月过去了，这条例仍然没有下文。"

就算林则徐不说，邓廷桢和关天培也猜想得到，这一定是京中权贵从中牵制。

林则徐初来，邓廷桢只看到林则徐的威风八面，春风得意。共事以来，他才逐步感受到林则徐是怎样如履薄冰、任重道远。这让他更加钦佩林则徐。

林则徐沉重地说："如今我行事依凭的是天理，不是法制。此事要成，不是单靠我一人就可以的。"说着，他一手拉着关天培，一手紧握住邓廷桢的手。

邓廷桢突然被他握住手，呆呆地愣住了。

林则徐直望着邓廷桢与关天培。"此事要成，非劳累二位不可。"他语气赤诚，近似恳求。

邓廷桢一听，心绪激动难平。"这没有第二句话。老夫必定竭尽心力，全力合作。"

"我也没第二句话，"关天培心中一股豪情被激发，"我这颗脑袋，大人什么时候要，就什么时候拿走。"

林则徐握紧他们的手，难以言语。

"不好了！"林则徐的随从急急赶来，"启禀大人，颠地逃了。"

这个消息让在场的三个人脸色顿时一僵。

林则徐松手，简单地下了命令。"务必捉拿回来。"

林则徐的随从一走，关天培跪了下来。

"可恶！"关天培老脸暗红，痛声咒骂，"水师有内鬼，那夷人才逃得走。是我没管好，大人尽管罚我。"

林则徐急急拉他起来。"别这样，我知道你尽力了。夷人以财货鸦片腐化我水师精神，我本来也不想躁急处理，因为这问题处理起来轻不得、重不得。处罚轻了，养虎为患；处罚重了，人心惶惶。"

林则徐说出了关天培和邓廷桢心中的为难之处。

"不过这问题不能再拖了。再纵容水师与夷人私通，非但烟禁不了，海防也守不住，"林则徐严正地说，"如今重要之事有两件。第一件，我打算举办一场'观风试'，模拟乡试，要全省士子提出禁烟建议，并举发贪渎的水师以及所有烟贩、烟馆、烟徒，依其所举，核实查办。第二件，就是要募款，添购炮火，充实海防。对外夷制造船炮的技术，我们也还要再留心知晓才行。"

林则徐虽然是为了禁烟的需要开始吸收外情，但是渐渐地，他也隐隐地感到西洋许多新知识是不同于古老的中国的，甚至，或许是超前于中国的。中国人得知道也得吸收外国的学问，才能既不恐惧也不轻蔑地跟上西洋。

6. 虎门销烟国威扬

　　林则徐一面下令逮捕颠地，一面提审伍绍荣，怒斥其与夷人勾结。颠地能逃走，固然和水师私放有关，但伍绍荣其实也受义律所托，在百般无奈之下为颠地穿针引线。伍绍荣深恐林则徐追究起来，又给他一个"罪不容诛"，于是自愿献上部分家产，增添虎门军备，以求保住项上人头。

　　林则徐再度要伍绍荣转达义律等人，如果洋商不肯据实缴交鸦片，将进行封舱，停止所有对外贸易，一概不准上下货物。

　　义律等人仍顽固抵抗。林则徐除了以强硬的态度执行封舱，还下令在商馆服务的中国雇员撤离。中国仆人、厨子、苦力和买办数百人，一接到命令，随即撤离，留下空空荡荡的商馆。

　　之后，林则徐根据线报，截回了逃走的颠地。

林则徐随即采取了更严厉的部署，封锁商馆对外交通，并派兵围守。广场上，安排穿着醒目制服的兵勇吹号敲锣，通宵巡逻。商馆的后面，装备着火铳和火药筒的步兵排列在街道两旁。沿河一带，由无数小船团团围住，切断洋商与港外军舰、走私船只的联络。

林则徐虽然并未断绝商馆食物和饮水的接济，但是紧绷的气氛仍然让洋商坐立难安。

林则徐除了以威势逼迫洋商，也试图晓以大义。他另外下谕令：只要外国人肯交出四分之一的鸦片，中国雇员就可以回到他们那里工作；交出一半以上，便可让外国人搭乘从黄埔到澳门的渡船；交出四分之三，看管可以撤除；一旦全交，正常贸易就可以恢复。

如此僵持了几天，美国商人首先表示愿意缴烟，继而义律也在这种形势下屈服了。

义律以英国政府的名义尽量收集各烟贩的藏烟交给林则徐，径行向英商宣布，缴多少鸦片都领有收据，将来可凭收据要求补偿，费用则由他本人和英国政府共同分担。

表面上看来，义律似乎是代表英国政府不保护鸦片走私，但是实际上，却是将英国政府拖入鸦片走私的贸易中。今后英国政府如果不对烟贩负责赔偿烟价之责，就得以实力向中国政府索赔。

洋商缴烟的问题一确定，林则徐转而加强广东省内禁烟的措施，除了加强鸦片烟具和烟土的收缴，还悉心配制断瘾药材，提供有瘾者服用。

二月二十七日，林则徐和地方文武大员由水路赴虎门，执行缴烟工作。从二月二十七日开始收烟到四月六日止，三十八天的时间里，总共收缴了一万九千一百八十七箱又两千一百一十九袋鸦片，将近两百三十七万斤之重。

林则徐奉道光皇帝指示，于四月二十二日（公历六月三日）在虎门开始进行销烟工作。

当日，虎门山丘人山人海，军民同欢，敲锣打鼓，舞龙舞狮。自林则徐到广东，不过约一个月的时间，不动干戈，不发一兵一卒就让洋商答应缴烟。那些鸦片商人向来凭恃武力与财力，在中国耀武扬威，今日竟然屈服，这胜利非但难得，更是空前，大快人心。

林则徐特邀各国观礼代表在山丘凉亭观看销烟。

午后两点，关天培把黄龙令旗一挥，炮响三声，五百名销烟武士赤膊上阵，个个生龙活虎地忙了起来。所有的人忙而不乱，在严密的监督和指挥下，滚滚硝烟直冲蓝天，旁观者人声沸腾。鸦片流毒害得许多人倾家荡产，多数百姓是深恶痛绝的，此刻群情激昂，欢声雷动。

各国观礼者也为之动容。

林则徐为了销毁这大批的鸦片，想了个特别的方法。以往烧毁烟土的方法是拌桐油用火销化，但是烧过后仍有残膏渗入地下，受不了烟毒之苦的人，便会掘土取膏吸食。

林则徐则是命人挖了两个大池，底下铺上石板，四周拦桩钉板，防止渗漏。池子前面挖一个涵洞，后面通一道水沟，以利涨潮时引水冲刷。浸化的方法是先引水入池，撒盐巴成为卤水，再将鸦片切成四瓣，投入其中浸泡。等半日后，将整块石灰抛入池中，池中便沸腾起来，再用人力搅拌。

此刻，销烟的武士们便在搅拌池子，恶臭冲天，硝烟滚滚。只等颗粒尽化，一待退潮，开启涵洞，让池中之物

流往大海。

邓廷桢心头一动，对林则徐说："这真的是太不容易了！两百三十七万斤的鸦片，夷人都以为这验收过程，必定会有中饱私囊之事。谁知层层监督下，未少分毫。这批鸦片价值一千多万两白银，夷人又传说，我们将使鸦片合法，将巨量的鸦片转售获利。谁知道你彻彻底底地将鸦片销毁，痛痛快快地冲入大海。"

林则徐昂然说道："这恶毒之物，务必铲尽。不让它污染我中华一寸土地，不让它夺我百姓半条性命。这还只是开始，外夷还没照示具结，允诺往后一旦查出仍携带鸦片来华，货物随即由官方没收，人即正法。圣上禁烟条例还没颁定，水师以及军备尚未整顿，关于禁烟之事，还有一桩桩、一件件待办。"

邓廷桢知道，还有诸多力量在牵制着林则徐的禁烟大计。

林则徐并不因此颓废，他仍为此刻振奋，为未来激昂。"烟一日不禁，我一日不回，誓与此事相始终。中外同观，神人共鉴。"

"说得好！"邓廷桢定下心志，"我与你同进退！中外同观，神人共鉴。"

两人相视而笑，目光中却隐隐蓄着复杂万端的泪光。

观礼的外国人中，有一名美籍传教士——裨治文牧师。他在当月的《中国丛报》里，为销烟一事做了精彩的报道，并加了这样一段话："其全部工作所凭借的严谨与忠诚的程度，实在出乎我们意料；我们无从想象世上还有比此更见忠实执行的任何事情。"

※　　　　　　※　　　　　　※

道光十九年四月初六，林则徐调任两江总督。为完成禁烟事业，林则徐以钦差大臣、两江总督身份，继续查禁鸦片。五月，林则徐苦等多时的"禁烟条例"终于颁行。由于受到内部暗中牵制，以至于条文表面虽严格，但是漏洞甚多，使得鸦片贩子以为仍有机可乘、有洞可钻而心存观望。

林则徐深知，若要使鸦片绝迹，必得重新整顿水师。他考虑水师在这数个月以来，已能奋发尽职。此时如果全面彻查，株连必多。在人人自危的情形下，并不利于对外战斗。因此，林则徐决定从其中罪孽深重的几名下手。

林则徐积极采访舆情，通过"观风试"中士子的集体举发，掌握韩肇庆等多名水师败类罪状。这些人若是依法处理，当处以极刑，只是邓廷桢也将因此负上失察渎职的重大过失。而邓廷桢此时已成为林则徐最重要的帮手，若邓廷桢因为这样离职，将来继任者未必能像邓廷桢一样精诚合作。权衡轻重之后，林则徐只奏请将韩肇庆革职，并分别肃清其余党。

水师并不因这些案子的从轻发落而再敢胡作非为，反而感激图报，踊跃效命。此外，林则徐又积极延揽渔民疍户①中的精壮之士，编组成队，加以训练。种种作为都是为了加强战备，以防备夷人恃强动武。

夷人方面，义律虽然已经缴烟，但始终抗拒照官方文件格式书写，保证不再走私。一来是因为印度等地鸦片存

---

① 疍户也称蜑户，散居在广东、福建等沿海地带，向来受政府的歧视，不许到陆上居住，不列户籍。他们以船为家，从事捕鱼、采珠等劳动。明洪武初始编户，被视为贱民。至清雍正年间，始被解放为良民。

货尚多，仍打算陆续进到中国。倘若照清政府所要求的以书面保证不再走私，走私船一旦被抓，义律必无从应付；二来是义律向来意图取得在华的治外法权，使得英国商人的活动可不受中国律法限制，因此也不甘接受林则徐的约束。

林则徐虽以肃清鸦片为志，但并无扩大双方冲突之意。因此，即便是颠地等人，他也只是采取驱逐出境的方式，并不清算旧账。面对态度狡诈反复的义律，他也始终耐住性子，沉着应对。

而颠地等鸦片头子返回英国之后，联合查顿之辈，全力向英国各方活动，力图促成英国政府和国会侵华的决定。而义律更打算扩大中英之间的紧张局面，为英国对华动武侵略找一个借口。

义律一方面纵容海上船只贩卖鸦片，暗中抗拒林则徐的禁烟措施，一方面拖延具结要求，而且不让英船进入黄埔贸易，以维持双方的紧张关系。

在双方关系陷入低潮时，发生了林维喜命案。

五月二十七日，一群到尖沙咀村买醉的英国水手和当地村民起了冲突，打伤了林维喜。隔天林维喜不治身亡。村民哗然，闹到官府。出事三日后，义律曾悬赏调查凶犯及详情，出款抚恤林维喜家属，准备自行审判。

七月，义律自行开庭审判，只审讯五名帮凶水手，各处以轻微的罚金和短期监禁。林则徐为此事震怒，几度要求义律交出凶犯。

这日，义律带着英国律师到钦差行辕，拜见林则徐。林则徐以邓廷桢推荐的袁德辉作为翻译人员。袁德辉是澳门人，二十一岁。

双方暗暗打量对方，礼貌寒暄一番后，林则徐直接切入正题。"按我《大清律例》，林维喜命案，你们应该交出杀人凶手，按中国律例杀人偿命。"

义律摇头。"根据大英帝国的法律规定，英国子民犯罪应由英国政府处理，"他手一指，指向身旁的律师，"钦差大人尽可以问我们的律师，英国法律是怎样规定的。目前凶手还没抓到，抓到后，我们英国政府绝不逃避责任。再说，相关帮凶，我也已经秉公审讯。"

林则徐与义律几番公文交涉，早知道他言语听似顺从，实则性格刁滑。

林则徐成竹在胸，微微一笑。"除了英国律法之外，我想你们的律师应该对《各国律例》也有些了解吧。"

《各国律例》译自《万国公法》，是精通各国律例的瑞士籍法律学家瓦特尔①的作品，义律没料到林则徐竟然也知道这部作品。历来，他所接触的中国官员没有这样透彻了解外国事务的。义律暗自觉得不妙。

林则徐要袁德辉念出其中一段。"根据《各国律例》第一百七十二条记载：'自法制一定，普天之下莫不遵守。故外国有犯者，即各按各犯事国中律例治罪。'"

义律脸色一变，林则徐语气一严。"义律先生，您听清楚了吧？若是英国人在英国犯法，当受英国律法制裁。在天朝犯罪，自是交付我官方审讯。《各国律例》与我《大清律例》所持皆同样道理。所谓自行审讯，这是恶例，无视我大清律法。我大清律法与帝国子民性命，绝不容等

---

① 瓦特尔（1714—1767），又译作"滑达尔"，林则徐曾请美国传教士伯驾和袁德辉将其著作《万国公法》中的一些章节译为中文，冠以"滑达尔各国律例"之名收录在魏源《海国图志》一书中。

闲视之!"

"这……"义律支吾着,没想到这么快就被林则徐逼得无话可说。

林则徐又言:"你英籍商船来华贸易,也该遵循我《大清律例》,照我方的要求,表明不再走私。"

林则徐禁烟以来,虽然千头万绪,但在他步步为营之下,总也澄清了风气。如今他已调任两江总督,实不宜在广东逗留过久。只待"照式具结"一事有了下落,他就算是不负皇命,禁烟责任可以转交。

义律佯装无奈地叹了一口气。"我并非有意跟大人对抗。只是'照式具结'一事,兹事体大,必须等我国主定下裁量,我无法擅自作主。我大英帝国离中国有千里之远,文书往来需要时间的。"

据义律的评估,伦敦方面是否要发动侵华战争,大约可以在年底的时候确认。

林则徐看了看义律,他有些看不透义律碧蓝闪烁的眼珠子。林则徐本来以为"照式具结"应当不困难才是。他真的不明白,为什么义律总是再三推托?

林则徐扬起一笑。"米利坚 ① 方面已经有打算照式具结。相信不久之后，其他国家也会照样办理。"

　　对于"照式具结"，林则徐还是持乐观的态度。而且他明白，美国和英国在对华贸易上处于敌对的状态。

　　一提到这件事情，义律的脸色就显得难看。

　　"米利坚有意遵从我天朝律法，经营正当生意。看来米利坚有机会替代贵国，执华洋贸易牛耳。"林则徐笑着说。

　　义律虽然恨得牙痒痒，但是深吸了一口气后，也摆出笑容。"各国有各国办事的方法。目前这样的情形，我们也只好接受。"他相信忍耐会有代价的。

　　"贵国办事的方法倒是令人不解，"林则徐直看着义律，"我听闻在贵国，也知道鸦片是害人之物，而禁止贵国人民吸食。但是如今贵国非但不肯具结，也不肯让船只入黄埔进出口货物，这对贵国有什么好处？"

　　关于英国船只在海面上的动静，林则徐一直留心着。

----

① 米利坚，即美国。

海面上虽然仍有零星的走私贸易，但是他从《澳门新闻纸》的转载得知，有些英国人也认同他禁烟的措施。烟商与正当的商人之间，甚至是有矛盾存在的。因为中国财力有限，买了鸦片，自然就少买了其他的货品。

林则徐继续说："贵国船只在洋面上停留的已经有三十二艘，因为监督大人阻止不能进口，只得暂停尖沙咀一带。船上的米、布、棉花等货，既无从卸落，又禁不起天气炎热、海上潮湿，只能任由发霉或腐烂。"

义律脸色变得极为难看。林则徐踩的正是他心头最痛的地方，已经有部分从事正当贸易的英商对他的作为不满，增加了不少管理的压力和困难。

林则徐趁机再言："我看等米利坚具结后，贵国船只想脱手货物的，恐怕得贱价卖给米利坚了。"

义律咬牙切齿地说："大人要是有中国人所说的恻隐之心，就应该答应我国的请求，让这些船只可以在澳门装卸货物。"

澳门当时虽是中国的土地，但是因为租给葡萄牙人，所以中国的管辖权有限。义律就是看准这一点，才会有这样的说辞。

"监督大人所说的货物，可是连同部分走私的鸦片？"林则徐毫不客气地说。

义律脸上一阵青一阵白，和林则徐口舌往来，他讨不到半点便宜。

林则徐正色说道："我允许贵国船只有个别做法。愿意具结的船只，欢迎进入我天朝贸易；不愿意具结的船只，请离开我朝海域。"

禁绝鸦片之事，林则徐自始至终都谨慎地捏握分寸——"禁绝鸦片一事一定要彻底查办，但也不能轻易挑起双方冲突"。

他是禁鸦片，而不是断贸易。他深觉只有如此才能确保双方不起战火。而且自从接触西洋事务以来，他隐隐觉得西洋有些知识和物品是好的。他极乐见华洋互利下的太平繁华。

义律站了起来，皮笑肉不笑地说："我国的船只都将同进同退，不劳大人费心。"

"愿监督大人顾全大局。"林则徐站起来送客。

双方虽然还维持着礼貌，但谈判已然破局。

不久，印度调来一艘英国兵船。义律决定凭恃武力，在九龙尖沙咀炮击中国船只。这是双方第一次接战。这一仗，清军虽有伤亡，但英船没有讨到半分的好处，只好逃开。道光皇帝恐惧夷人炮火的心情，因为这场小小的胜利而消弭不少，甚至因此有几分的骄气。

九月，英国一艘商船不顾义律命令，照式具结进入黄埔贸易。英国军舰强行闯入中国海域，并且开炮干涉商船的自由行动。在关天培出面制止后，义律命令军舰开火，关天培随即回击，此为"穿鼻海战"，在海面上共持续十天。

双方虽都有伤亡，但中国略占上风。此战之后，道光皇帝心态上更是得意，耀武扬威，于是下令停止中英正常贸易，以示惩戒。

林则徐多次上奏，力图转圜，仍然不能改变局势。

道光皇帝对林则徐的态度有些不满了。加上朝中始终有不利于林则徐的言论，道光皇帝渐渐失去对林则徐的耐心了。但因为广东防务还需要林则徐筹划，所以道光皇帝

于十二月初一日降下谕旨，林则徐从两江总督调任两广总督，邓廷桢则调两江总督（后又改云贵总督，继而又改调为闽浙总督）。邓廷桢的调任无异于断了林则徐在广东的右臂。

十二月初二日，道光皇帝又下了一道谕旨，要林则徐严格执行断绝中英贸易，并将英夷一概驱逐出境。谕旨言："林则徐已实授两广总督，文武皆所统属，责无旁贷，倘查拿不能净绝根株，唯林是问。"

7. 战火弥漫滔天浪

林则徐自成为两广总督，每日皆尽心办事。对内，他根绝鸦片祸害；对外，他积极布置广东海口防务。

断绝与英国通商之后，义律仍率舰盘踞海面，不时骚扰。为了不增加国家经费的支出，林则徐劝导行商、盐商及潮帮客商捐钱，增添新式炮火并招募渔民丁壮五千名巡防，以火船围攻英舰，使其不能越雷池一步。

另一方面，英国政府受到鸦片商人的游说与义律报告的影响，英国议会下院在激烈的辩论后，最终以二百七十一票对二百六十二票，通过对华军事行动。道光二十年（1840）以懿律（义律从兄，曾为印度总督）和义律为全权正副代表和正副总督，率四千名海军陆战队及四十八艘战舰远征中国，含糊地以"讨回公道"为由，发动了一场历史上极为不名誉的战争。

道光二十年三月，林则徐接到情报，上折表示得到"英夷会集各埠兵船同来滋扰"的军情。道光皇帝当时并不以为意，对形势乐观的他批示：无论英方来攻之事是否确实，都不需要紧张惶恐，只要严密防范，便能以逸待劳。

那日之后，林则徐更无一日松懈。道光二十年五月二十二日，部分英国舰队出现于广东海口外。

林则徐紧急找来水师提督关天培商议形势。

"英国舰队终于还是来了。"林则徐百感交集地说。

去年，九龙接战的时候，林则徐还不以为英军会大举来侵。

在他看来，维持对华贸易是英国的国策，英人断不会放弃。他相信英国除了以鸦片危害中国外，不会愿意和中国发生大规模的正面冲突。再来，英国离华千里之遥，远渡重洋，大举来犯并不容易。所以他以为，若有冲突，也只是义律这样在海面上零星的骚扰，以逼迫中国开放鸦片贸易。

只是没想到，几个月之间，形势急转直下。严峻的局面远超过林则徐数个月前的想象，也逐渐超出他能控制的范围。

"大人放心，"关天培豪迈地说，"我一定让英夷来得了我中华，回不去他英吉利。英夷虽然船坚炮利，但是我广东水师也已经大不同以往。至少，能跟英夷决一死战，同归于尽。"

当关天培这样朗豁地说出"同归于尽"的时候，林则徐心口一动，几乎抑制不住眼眶里突然冒出的湿热。

林则徐热切地握住关天培的臂膀。"以广东的防备来看，英夷未必能讨得到太多便宜。我怕的是他们一路往北。沿海地区的海防不振，万一英夷继续北侵，必定震动京师。"

说到这里，林则徐不自觉地吸了一口气。"虽然我曾奏请要加强沿海防务，但是毕竟沿海各省多不在我能控制的范围之内。"更别说直隶总督琦善对他已积蓄许多不满。

林则徐说："有些话我无法说得太多。我虽想提醒圣上，形势危急，英夷武力绝不可小觑。但是又恐圣上不悦，以为我们身为臣子，竟长夷人志气，灭自己威风。所以有些话，我也只能避重就轻。一旦战火开启，偏又不在广东……"

关天培急道："那怎么办？"他并没有想到这一层。

林则徐毫不迟疑地说："由我来扛。"

林则徐已经将可能发展的情形推演过了。"英人来犯，仍要有借口，他们必以讨伐我为理由。如此一来，我就可以顺势而为，让圣上以追查我的过失为由，派大臣来广东与夷人谈判，尽量把他们的兵力引回广东。一来可解除京师可能遭受的威胁；二来可以利用谈判期间，调兵遣将，加强沿海防备。能战方能和，万一谈判破裂，圣上才能应变。"

一听林则徐愿成为代罪羔羊，关天培不平地说："大人有什么过失？要负什么责任？禁烟吗？断绝通商吗？大人所作所为都是按照皇上旨意的。"

"我的军情判断有误，我该负责的，"林则徐平静地说，"我深受皇恩浩荡，更该为圣上分忧。"

关天培急道："可是断绝通商后，大人也做了许多的防备。广东坐收通商之利，海关有多少收益啊！白花花的银子，大人为什么不敢奏请动用？因为那些钱都要留着为皇室采办贡品。大人只得自己四处筹钱，添购船舰炮火，招募兵勇。广东明明就在洋人炮口下了，大人也从不曾要求内地增兵，仍是自己筹钱训练渔民蜑户。广东防务能做到这样的局面，大人就算不居功劳，何过之有？"

他总觉得，要说林则徐有过，他怎样也是不服不平的。

林则徐轻描淡写地说："英夷军舰一旦北上天津，炮火进逼京师，圣上就不会这样想了。"

他为官二十余载，深受道光皇帝恩宠，他极为感念。

但是为人臣子二十余载，圣意他岂能不仔细领受体察？他从不奏请皇帝派兵增援广东，也不肯求国库多拨经费，是因为他知道，那些落伍的军队是不堪一击的，而劳动军队、花费军饷的结果，只会动摇皇帝的禁烟信心，增加自己处境的困难。

"形势多变，圣意难测。禁烟以来，我的所作所为，无不战战兢兢，但我是坦坦荡荡的，"林则徐坦承地说，"我为禁烟来广东，所求无非是去除烟毒，使华夏气象一新。离京的时候，圣上嘱咐，勿轻易挑起双方冲突。如今战火将启，我所求无非以身殉国，以安天下太平。"

关天培情绪激动起来。他从军多年，早有准备为国捐躯，但林则徐本是文官，封疆大吏中，有谁像他这样不顾安危、慷慨赴义。

"以身殉国，以安天下太平。我与大人共立此誓。"年已六十的关天培朗朗地说。

※　　　　　※　　　　　※

英国先遣舰队出现在广东附近海面后，林则徐立刻急速报告京城，并指出英舰可能北上犯境。形势如林则徐所料，英舰抵达广东后，立刻发布文件指责林则徐与邓廷桢骗取鸦片、侮辱英人，并宣告封锁广州海口。但是英国军舰对广东却没有采取激烈的军事行动，多数舰队反而扬帆北上，去侵犯和鸦片事件无关的浙江定海。

英军只花三日即攻陷定海。定海失守的消息重重打击了道光皇帝。直隶总督琦善奏称，天津存兵共只八百余名，即便是召集各营军队，总共也不过两千名。道光皇帝眼见天津、京师防御如此不堪，顿时陷入彷徨无措的境地。

林则徐此时上奏，提出应急措施，并为道光皇帝留下一条退路，自愿负责，承受责难。道光皇帝此时已动念牺牲林则徐以求解除战祸。林则徐的政敌穆彰阿与琦善又趁机进谗，将禁烟开启战端的责任全都推卸在林则徐身上。

七月二十四日，林则徐上奏，报告英船仍在广东海口外减价倾售鸦片，引诱奸民趁夜出洋偷买鸦片。

此时，被战局逼得又惊又怒又感颜面无光的道光皇帝，严词斥道："对外事务中，无法彻底断绝通商贸易；对内事务中，也无法彻底清除鸦片买卖，不过就是拿话来搪塞责任，不但没有半点的成效，还无端生出许多波澜是非，想来令人愤怒，朕看你有什么话可以对朕说？"

林则徐两年来为查烟与海防的努力，被一笔抹销。

道光皇帝另派琦善为钦差大臣到塘沽口，和英方代表展开谈判，以解决事端。琦善自以为已掌握道光皇帝心意，一意妥协，只求先让英舰退往广东。

琦善把握的求和原则有二。一来，诿罪于林则徐，再三声称重治其罪，以讨好英人；二来，向广东富裕的行商勒索，不动国家经费，而可赔偿烟价了事。

但是英方所求却不止于此。英方除了要求赔偿烟价、以对等礼相待英国驻华官员、偿还洋行欠款之外，还要求割让海岛。

此时，天气渐寒，不适合英国在华北海面展开攻击，加上琦善释出讨好的善意，所以英方答应船舰退回广东海面。

琦善得意洋洋地以钦差大臣的身份前往广东继续与英国人谈判。

九月，道光皇帝降旨革除林则徐两广总督大臣的职务，闽浙总督邓廷桢也受同样处分，并要两人留在广东，以备查问。

九月二十五日，林则徐获知革职消息。

九月二十九日，广东民众听到他被革职的消息，争先恐后地到总督衙门挽留，送他许多的靴①、伞、香炉、明镜等物，此外还送给他五十二面颂牌。

颂牌上写着"公忠体国""清正宜民""烟销瘴海""威

---

① 唐代崔戎为官深受百姓爱戴，他离职时百姓不舍，脱下他的靴子，阻止他离去。崔戎趁夜离去，有人将他的靴子装在木匣里挂于高处，以供人瞻仰。于是解靴成了传统，表示阻止离去以及挽留之意。

"慑重洋"等对林则徐的肯定之语。

民众所送之物，林则徐全数发还。

十月二十五日，林则徐整理行装，准备离开行辕，暂时租个地方住下，等待钦差大臣琦善查问。

深夜，林则徐的妻子郑淑卿见他歇了手，在书桌前发愣，碎步趋前为他添上衣服。"想什么？"郑淑卿轻问。

林则徐叹了一口气。"我在想，八月十六日，我一早呈给圣上的那最后一封折子。"

那时候，虽然还没获得革职的讯息，但是一听琦善奉旨为钦差大臣来广东查办事件，他就知道大势已去。

他不是忧虑个人的荣辱，而是担忧国事前途。

林则徐继续说："琦善一来，对夷人必定委屈求和。只是夷人贪得无厌，委屈不能求和，能战方能求和。琦善不谙军务夷情，很难跟夷人应对啊！"

林则徐对琦善的为人没有攻击批评，所考虑的仍是国本。

"夷人之所以答应南下广东，并不是因为琦善应对得宜，"林则徐激动地说，"就我所得到的情报，此时天气转

冷，夷人水土不服，不适应天气转变，军舰上疫病流行，三四百人已被安葬，一千五百人还在养病。这就是我方的机会啊！"

林则徐一股脑地说着。"英夷劳师远征，费用繁重，接济困难，不服水土，势不能久持。倘若我们固守内地，长期抵抗，坐困敌人，使他们一切不得行，陷于进退两难之地，始能让他们放弃侵略，低头谈和，而无损国体。"

郑淑卿浅浅一笑。"你把这些都呈给圣上了？"

林则徐大叹。"我知道圣上不会再听我一句话了。可是我不能不说，毕竟事关国运。"

这是林则徐从政以来最大的挫折，道光皇帝几番严厉的训斥都是未曾有过的。他虽然无怨，但多少是有些感慨的。

林则徐振奋精神说："我读过米利坚的历史。六十几年前，他们也还是归英吉利所管。当时他们的军备落后，但是始终不屈，持久与英夷对抗。过了七年，终于逼得英夷势穷力竭，放弃了对米利坚的统治。"

林则徐滔滔地说着，郑淑卿始终温婉地看着他。

那娴静的姿态让林则徐有几分不好意思地笑了。"我的话太多了，都是个革职查办的人了。唉，话实在太多了，让夫人见笑了。"

郑淑卿轻笑，轻言软语地说："来广东这两年，你的鬓发全白了呢！"她的手深情的抚上他的鬓发，"刚来的时候还都是黑的。"

郑淑卿轻软的一句话，说透了林则徐心中的感慨与委屈。

林则徐握住她的手，感激地说："夫人，你跟着我受委屈了。"

郑淑卿看了看他，故意蹙上眉头。"是啊，嫁给你真不好，担惊受怕没有少过，富贵荣华没有多过。"

林则徐苦苦一笑，无言。

郑淑卿没有骗他。她心底自然也有苦处，但是见着他，她总是笑着。

郑淑卿一笑。"嫁给你真好。你是英伟奇才，我也被逼得不做寻常妇人了。"她的语气有着骄傲。

林则徐感激地握紧了郑淑卿的手。"我现在已经被革职了，还是戴罪之人。往后不知道还要连累夫人多少。"

要是一般妇人女子，这时候难免伤情啼哭，可是郑淑卿却不然。

郑淑卿说："你革职一事，我不啼哭。你来广东办禁烟，我早就知道这是掉脑袋的事情。只要项上人头保住了，都是好事。"

郑淑卿淡淡地说，那话里隐藏的也是她这两年的担惊受怕。

郑淑卿有自己的想法，又说："你受委屈，我也不啼哭。我知道这一切你早就料到，是求仁得仁。百姓送上明镜，感谢你明镜高悬。我知道，你所做的，圣上不察，但百姓都清楚地看见了。"

她也为林则徐抱屈，但不会哭天抢地地号啕。

林则徐抱着郑淑卿，不发一语。

他们两个相互慰藉取暖，郑淑卿的回忆悠悠。"记得那年冬天在杭州梅园里的情景吗？"

"你说的是我萌生退隐心意的那年吗？"林则徐记得当时他想离退，郑淑卿全力支持。

那年冬天很冷，郑淑卿也是这样，暖着他的手。这一眨眼就是二十年。

"你再度进入复杂的官场，就是二十年过去了，"郑淑卿的声音里带着笑意，"我很高兴，你待人虽随和，但从不流俗。不论怎样的风雨波涛，你在当中怎样能屈能伸，心里总有个底线。这二十年下来，你始终还是洁净如梅，存一身让我敬重的傲骨。"

郑淑卿偎上他的颈肩。"我就敬爱你这如雪白发。不论圣上怎样降罪于你，往后世人自有评断，会还你公道的。"

郑淑卿平常并不说这样的话。此刻，林则徐听来百感交集，却又说不上一句话。他对她又愧又爱又怜又感激又敬重。

郑淑卿轻轻一笑。"你别说。我知道，说起国事，你是滔滔不绝。要你说其他的话，你是说不出口的。"

林则徐是不看重荣辱、得失乃至性命的。在官场上打滚，这些都不能看重，但是那人事浮沉，那国事黯淡，那忧心忡忡，仍要有人知解，有人能相互倚靠。

如郑淑卿所言，林则徐是英伟奇才，郑淑卿也不是寻常妇人。他林则徐还有个郑淑卿生死相伴。

8. 无力回天谪新疆

　　新钦差琦善南下，除了带一名千总①外，经过山东的时候又加入一名叫鲍鹏的人随他到广州。鲍鹏原是鸦片头子颠地的买办，林则徐曾经下令捉拿过他，所以他才逃往山东。如今因为琦善要与义律谈判，义律索性举荐鲍鹏来做自己与琦善之间的媒介。琦善一意讨好义律，也就乐得利用鲍鹏来当桥梁，孰不知鲍鹏实际上乃为义律所用的汉奸。

　　琦善到了广东之后，只求讨好英人，以为要促成和议，必须按照鲍鹏所传达义律的意见来执行，首先裁撤自己的兵备，以示求和的诚意。所以他将林则徐所整备的兵船裁减三分之二，且将林则徐所训练的五千水勇全部遣

---

① 千总，官职名，明初于三大营置千总、把总等重要武职，皆授予功臣；清代时职权日轻，而成为下级武职，位在守备之下。

散。至于林则徐所部署的虎门口内外要塞防务，则任其陷于孤立无援的状态。

琦善原以为只要惩处林则徐、邓廷桢两人，酌量筹款赔偿烟价，恢复贸易，便可满足英人的要求。哪里知道，英人见已经完成破坏海口防务的策略，也做好进攻的准备后，立即要琦善全面接受"赔偿烟价、偿付军费、割让岛屿、开放码头"等要求。

琦善也知道，这些要求道光皇帝是不会同意的，不敢全面允诺。十二月十五日，大批英舰连同陆军队伍和汉奸，以炽烈的火力和优势的人力，向沙角、大角炮台进攻，当天两炮台就被攻陷了。

两炮台陷落后，琦善因而有了急速求和的借口，立即和义律约期会谈，准备接受他的全部条款。然而，道光皇帝的心意却逐日转变，对英人贪得无厌的要求感到愤怒。道光皇帝一方面从川、黔等省准备选调军队剿灭英人，一方面想起被冷落已久的林则徐，因此把他及邓廷桢的革员身份改为协同琦善"妥为办理"。道光皇帝下了谕旨，十二月二十八日，琦善只好来会见林则徐。

当日，林则徐正在写字，郑淑卿唤他："琦善大人来拜访了。"

郑淑卿的语气虽平淡，但是她心底对琦善仍蓄着不满与不齿。

两个月前，琦善曾经来过林则徐暂住的地方，索要二十五件和英夷往来的文件，林则徐托故未见。郑淑卿知道，琦善是打算以此为罪证，罗织林则徐的罪名。林则徐自恃清白，对此事淡然处之，将文件汇送给了琦善。

十几天前，两炮台陷落，广东形势至为危急。林则徐和邓廷桢心急如焚，难以坐视不管，各遣人前往琦善住处，婉转地表达向琦善请安之意，并请琦善吩咐是否有可以为国效劳之处。琦善简单地说了四个字："无话商量。"

一直到道光皇帝力主"剿夷"，琦善顿显狼狈尴尬，只得遵旨来找林则徐。

琦善来找林则徐仍是不甘不愿，态度傲慢。郑淑卿以大局为重，只好以礼相待，请琦善在外等待。

林则徐放下手中的笔，看了郑淑卿一眼，振作精神。"嗯。"他起身，拍了拍郑淑卿的肩膀，递给她一个安抚的笑容。

这几日，林则徐瘦了许多，郑淑卿见了心疼。

林则徐挺了脊梁去见琦善。"拜见中堂大人。"林则徐施礼。

"少穆①兄，打扰了，"琦善简单寒暄几句，切入正题，"广东的形势不知少穆兄有何办法？"

琦善和林则徐已经两年多未见，形势转换，局面虽然危殆，但好歹他现在仍是钦差大臣，说起话来，姿态仍高。

他总觉得，两年前他就和林则徐说过了——不要轻启双方冲突。他怪罪林则徐挑动战火。

林则徐看了看琦善，直言："圣上的意思是要打。"

"怎么打啊？"琦善见识过英夷炮火的猛烈，一意只想求和。

"拖延夷人，集中火力，守住要地，身先士卒，鼓动民气。"林则徐简略地说。战局艰难，这是奋力一搏、唯

---

① 少穆，林则徐的字。

一死里求生的机会。

"身先士卒"那四个字，说得琦善心里一惊。这岂不是要他"为国捐躯"？

"鼓动民气"这四个字，说得琦善心里一苦，他禁不住对着林则徐吐苦水："说到鼓动民气，这就是我为难的地方。广东民心不坚，处处都是汉奸。这两个炮台会沦陷，还不是有汉奸帮忙打头阵。"

说到这里，琦善语带不满，又讽刺地说："听说那些汉奸还是少穆兄先前招募的水勇呢！少穆兄误用了他们，还好我早早就解散了那五千名水勇。"

琦善啧了一声，埋怨道："广东不只有汉奸，一些官员也都不可相信。"

林则徐在广东经营两年，广东大小官吏多对他心服口服，反过来，就让琦善对这些人生了戒心。

琦善连连的讥讽终于让林则徐动了肝火。"这些兵勇都是些穷苦人家，因为中堂大人解散他们，使得他们无以安家，才沦为奸夷所用。要说汉奸，鲍鹏才是头一个汉奸。他是卖鸦片出身的匪徒，他要中堂大人撤除防务，才是陷中堂大人于不义。先前，炮台后山有八百名驻兵，又暗藏钉桶，如果不是尽行撤除，怎么会让英夷从炮台前后夹击，以至于失守？"

　　一想到这件事情，林则徐怒由心生、悲从中来。"广东怎么会没有官员可用？守台千总黎志安，身负重伤，恐炮位被抢，督兵将好炮十四座推落海内，然后负伤打出重围，让英夷一无所得。中堂大人误信贼言，裁兵在先，落得我兵只剩六百。敌有五倍，要我兵安能守住炮台？三江协副将陈连升与其子陈长鹏双双为国捐躯，逆夷连挫数十刀，将他们开膛破腹！①"

　　要不是琦善开门揖盗，这些人怎么会牺牲得如此惨烈？林则徐心中悲愤已极，这句话强忍着不说。

　　"咳！咳！咳！"心绪激动的林则徐忍不住咳了数声。这些人都曾是林则徐的好手下啊！

　　琦善被他说得脸上一阵青、一阵白。刚好见林则徐咳嗽，顺着话说："少穆兄，既然你身体微恙，我就不多打

---

① 见《清史稿·陈连升列传》。

扰了，改天再来拜访。"

琦善站了起来，完全没有停留的打算。

林则徐调了下气息，跟着站了起来。他知道琦善也是听不进他的话，可是有些话他不能不说。

他泯除和琦善之间的个人恩怨，诚恳地说："中堂大人务必谨记，圣上一直发怒，那意思就是要打。如果尽听夷人的话，那就没有半分和夷人打下去的能耐了。夷人说不能增兵，这句话万万不能听。否则接下来沦陷的就是虎门了。"林则徐一想到他的好弟兄关天培镇守于虎门，心口一阵绞痛。

"虎门一失，不保的就是广州城了。"林则徐沉痛地说。

"谢谢少穆兄的建言，我会多考虑的。"琦善口中虽然这么说，脸上却流露出不耐烦的神色。

林则徐说的正是琦善最为苦恼的地方，在他听来像是威胁。

琦善烦躁地想，要是广州失守，圣上非怪罪于他不可。可是夷人炮火这么猛烈，他又怎么能和夷人对打呢？

看出琦善的软弱怕事，林则徐的心沉到谷底。

"告辞了。"琦善坐立难安，迫不及待地想走。

林则徐送琦善到门口，一连又是数声的咳嗽。"咳！咳！"林则徐弯了腰。

郑淑卿闻声出来，眉头轻蹙。"你也顾一顾自己的身体啊！"

郑淑卿快步过去，轻拍林则徐的背。

林则徐一抬头，郑淑卿才发现林则徐眼底泛出泪花。

郑淑卿一怔，她很少见林则徐这样难过。

"琦善这样怕事，虎门兵力只有数百，终究会守不住的。他就要白白牺牲了啊！"林则徐哭了出来，大恸。

林则徐口中的"他"指的是关天培。林则徐难过得不忍说出他的名字。

"琦善不懂，他也会触怒圣上的。可他留下的局面已经是山穷水尽。战不得，和不能了……"林则徐直看着郑淑卿，"我打算再招募五百名兵勇，做……"

郑淑卿也哭了。她知道，林则徐是打算做最后的殊死战，一死报国。

她顿时有些怒了，却不知道该向谁生气才好。圣上、琦善、夷人，抑或是这个叫她又敬又爱又无奈又舍不得的夫君。

他为官的时候，说要为国效力。现在被革除了，仍要为国捐躯。这是……

郑淑卿眨了眨眼。这一阵子，林则徐忧心痛心，苍老得好快，那样貌在她湿了的泪眼里几度散开。

就算他被革除了，到底也不能只做她的丈夫。

心疼之下，郑淑卿又有些朗豁。她脱下手中的玉环。"你要招募兵勇，一定要用钱。这玉环不过是个身外物，你拿去吧。"

林则徐一怔，愣愣地说："那是你的嫁妆。"

"那还是身外物！"郑淑卿执拗地塞给林则徐，"你都下了这样的决心，那还有什么对我而言不是身外之物呢？"

林则徐无言。郑淑卿反而握了他的手，说："有时候，我宁可不懂你，这样我就可以一意任性了。可我懂你，我只能成全你。要是你有个三长两短，我到底庆幸，我是你的妻子，我的夫君是你，不是琦善之辈。"

郑淑卿握紧了林则徐厚实的手。她不知道，还有几次能这样握着他的手。

※　　　　　　※　　　　　　※

形势的发展如同林则徐所预见的，道光皇帝的态度日趋强硬。英人得知议和有变，立刻攻击虎门炮台，水师提督关天培力战身亡。

虎门炮台失守，道光皇帝震怒。琦善因擅自作主，割让岛屿给英国，革去大学士之职，查封财产，押解回京。并派怡良处理善后。

林则徐被革职后，京城内外舆情多感不平。只是那时候大批英舰压境，形势严峻，无人敢触犯皇上进言。直到道光皇帝下令要林则徐协办军务，情形显见缓和，不久各方人士为林则徐说话，吁请起用。三月二十五日，道光皇帝降旨：林则徐以四品卿衔赴浙江听旨，离开广东。四月二十六日，又降旨要林则徐协办浙江军务。

林则徐无日不为加强军备而奔波，但是形势变动，已经远远超出林则徐掌控范围。

林则徐离开广东没多久，新到任的靖逆将军奕山等人，贪功躁进，攻击英船。英人炮轰广州城，广州陷落。奕山请降，承诺五日内付英人军饷六百万两，以求英舰退出虎门。

　　奕山隐瞒广州陷落之事，只说广州受到炽烈炮火威胁，将要付给英人军饷的六百万两混称是清还欠给外商款项。道光皇帝心里虽知奕山已经因敌人兵临城下，抵挡不住而被迫签订和约，但在看清现实情况，也不再坚持"剿办"的立场，降旨重开贸易之门。

　　五月十日奕山等人奏称夷船已陆续退出，广州恢复旧常生活。

　　同日，道光皇帝降下谕旨，责怪邓廷桢与林则徐两人，在两广总督、湖广总督任内失职。一方面责怪广东军务不振，一方面又训斥办理夷务失当，两人均发配新疆伊犁，要他们"效力赎罪"。

　　消息传到江南，群情沸腾。许多人出来募款为林则徐筹赎钱，希望能免了林则徐发配边疆、远谪苦寒之地的罪。林则徐毅然致函谢绝，坚决成行。

由于林则徐为官素来清廉，以至于连旅途所需费用都没有。他预备变卖过去为奉养父母在故里所置的一点家产。当地一位苏姓富户，立时送了一万两银子给他，他起初还不肯收，后因苏姓富户答应收下他的房契作押，他才收下。

　　七月初，林则徐途经京口（今镇江），遇到他的挚友魏源。

　　当时，广东的形势又有了变化。英国政府看穿了清廷的无能与畏惧，认为义律所执行的侵华策略不够积极，改派璞鼎查接任，并以海军少将威廉·巴加爵士为总司令，继续派兵增援，意图获得更大利益。

　　林则徐深知往后办理洋务必定更加艰难，国家前途也更加暗淡。他明白，倘若中国不知放远眼光、明了外情，不效法外人所长以求自强，则此后演变将不堪设想。

　　他在两广总督任内，曾经购买西洋船舰，并仿效西法，改进传统武装力量。最后在呈给道光皇帝的折子里，提出了"以通夷之银，量为防夷之用，从此制炮必求极利，造船必求极坚"的建议。在那墨守成规的时代，这是极具前瞻性的看法。只可惜，壮志未竟。

以前林则徐在广东时，为倡晓西洋的事务及明白世界形势，请人翻译《四洲志》，并亲自润修。此番林则徐遇到魏源，将所译的《四洲志》《澳门月报》《华事夷言》等书报，以及所搜集轮船机器各图说，全部交付魏源，期勉他整理发表，以开创时人视野。受到林则徐的启发与请托，精通经、史、子、集的魏源转而致力于舆地学，编成了《海国图志》这部巨著。《海国图志》不只开阔了当时部分人士的视野，传入日本后，也深具影响。

同月，河南地区发洪水，河南、安徽两省多处成了水乡泽国，情况万分严重。道光皇帝随即将河东河道总督文冲革职留任，另派大学士王鼎暂署河东河道总督，督办工务。王鼎以林则徐熟悉河工，奏请他协助治水，于是林则徐又奉旨折回河东效力赎罪。

林则徐在治水方面经验丰富，而且以身作则，和士卒一起抗洪。历时半年，在道光二十二年（1842）二月，五十八岁的林则徐将东河工程完竣。

完工之日，王鼎设宴庆功，席间，他一杯又一杯，喝得痛快。

"好久没这样开心了,"王鼎忽而一叹,"距离我上次设宴款待你,已经过了三四年!这些日子里,发生了好多不愉快的事。"

当时,他送林则徐前往广东禁烟,为林则徐的前途、为国家的命运而忧心。尔后,林则徐因非战之罪而遭革职,英夷的炮火也更加猛烈。现在厦门、定海、宁波等地都陆续被攻陷,朝廷正不断派兵增援,未来会如何一样不可知。

王鼎甩开那些恼人的忧思,笑道:"河工完成,对你来说是大功一件。皇上就算不论功行赏,至少功过相抵,也会免除你贬谪伊犁的苦罪。"

席间都是林则徐的至亲好友,这个消息让所有的人都展露笑颜。

王鼎朗朗一笑。"还好你不用再去伊犁了。你往南方这一趟,才三四年,头发就跟我一样全白了。要是还得朝西走到伊犁,只怕我再见到你,你的牙齿都要掉光了,比我老得还快呢!"

林则徐一笑，还没说话，忽然听闻皇上谕旨到。

众人起来，跪接谕旨。谕旨言："林则徐仍往伊犁效力。"

所有人大为惊骇，该起身的时候，王鼎微微发抖，竟然站不起来。

林则徐愣了一下后，恢复如常神色。他扶起王鼎，笑道："我到底是比你年轻的。"

林则徐说得轻快，可是没有人笑得出来。

"不该是这样的，"王鼎激动地喃喃念着，"我跟圣上奏明了，你的功劳最大。你拖着身躯，不舍昼夜，从酷暑到严寒。你救了多少黎民百姓，圣上只要亲眼看到，他就知道……"说到激动处，真性情的王鼎也不顾旁边还有人，眼泪就这么掉了。"这不公平！对你太不公平了！"

旁人难掩心酸，别转过头，暗自擦泪。

林则徐淡淡地一笑。"或许皇上还相信我这老迈之躯，多少能为国家做些事吧！广东战火正炽烈的时候，我是什么事情都没做到。"

他记得，道光二十年五月二十二日，广东外海出现英

夷军舰。那时候，他跟关天培誓言，以身报国。而后，关天培壮烈成仁，他则几番遭遇颠沛流离。

起起落落中，在在都是前尘旧梦。关于人事、命运的荒谬，他又多看透了一层。皇上念头怎样翻转，难以揣度。命运如何，他只能泰然承受。

在广东，他没有一死报国，之后的岁月时日，他也不会只为自己打算。

"能为国家多做一些事情也是好的。"林则徐平静地说。

他仍是这样相信的。他这老朽的身躯不死，在国事日渐艰难之际，仍要报国。

皇上不再恩宠，但协办河工仍是拯救生民。从酷暑到严寒，日夜未歇，怎能说不苦？只是苦得安心踏实。

王鼎仍然难过，泪眼看他，林则徐从容报以一笑。十岁的时候，林则徐曾作诗。童音稚嫩，他朗朗地说："海到无边天作岸，山登绝顶我为峰。"这样的志气，迄今仍未减损，只是多了一番人事历练后的安适无愧。

道光二十二年七月二十四日，林则徐从西安往伊犁的途中，中英断续开打两年的战争，终于尘埃落定。清朝不敌英国，签订了《南京条约》(又称《江宁条约》)。

十三条条文的主要内容：香港割让给英国，开广州、福州、厦门、宁波、上海五口通商，赔款白银两千一百万两，废除行商制度，实行自由贸易。

在此屈辱的条款中，对于挑起这场战争的鸦片走私问题，一概不提。

9. 尾　声

道光二十二年七月二十九日，林则徐抵达兰州，包括陕甘总督在内的大小文职官员全体出动迎接这位"罪臣"，武官出城十里列队迎接。十一月九日，林则徐到达遣戍的重点——伊犁惠远。在伊犁，林则徐接到京中来信，说王鼎以死为谏。年迈的王鼎为林则徐送行后，为使道光皇帝能重新亲近林则徐、远离穆彰阿等人，壮烈自尽，以求能劝谏道光皇帝醒悟。林则徐得知，洒尽千行热泪。

林则徐在新疆三年中有两年在伊犁，得到了伊犁将军布彦泰的敬重与关心。他在伊犁协助办理垦务，倡导水利，开辟屯田，成绩卓著。此外，他又绘制边疆地图，建议兵农合一，警惕沙俄威胁。

道光二十五年九月二十八日，林则徐因在新疆辅导垦荒实边有功，被清廷重新起用，以四五品京堂回京候补。

十一月初六日，林则徐获知起用信息，起身回京。在进京途中，又奉命以三品顶戴①代理陕甘总督。道光二十六年，林则徐的老战友邓廷桢在陕西巡抚任上病逝。林则徐恸悼，三天茶饭未沾唇。

林则徐接任陕西巡抚，道光二十七年，升任云贵总督。道光二十八年十月，林则徐夫人郑淑卿在昆明病逝。林则徐悲不自胜，隔年告病还乡。经长沙时，林则徐见到了比他小近三十岁的左宗棠，两代人在船上通宵畅谈，对以后左宗棠的思想产生了重大影响。

道光三十年，林则徐六十六岁，三月初返抵故乡福州。听闻道光皇帝驾崩的噩耗，林则徐设灵拜奠，黯然恸哭。从道光十八年，他为禁绝鸦片之事入京面圣，此后整整十二年，君臣未见。道光皇帝驾崩，从此天人永隔。

自从道光二十二年之后，林则徐历经王鼎尸谏、邓廷桢病逝、郑淑卿辞世以及道光皇帝驾崩。每段生离死别，都是极为哀痛。

---

① 顶戴，清代官吏品级以帽上顶珠的色质为别，称为"顶戴"。

咸丰皇帝继位（1850），此时的林则徐经历了三十余年的奔波劳碌，宦海沉浮，积劳成疾。咸丰皇帝任命林则徐为钦差大臣，前往广西镇压天地会起义，十月二日，他被迫抱病从福州起程。林则徐的公子林汝舟随侍在旁，不忍林则徐劳累，劝他多休息。林则徐却认为国家急难之时，他仍应该义无反顾，不以个人死生为念。

十七天后，十月十九日，林则徐于广东潮州普宁县行馆溘然长逝。

林则徐死讯传出，潮州地区百姓于街巷大哭。他的灵枢返郡，全城的人都穿上白色的衣服，为他奔丧者一日数千人。

林则徐最后的官衔是钦差大臣，清政府特别颁给他一个谥号"文忠"，这个谥号乃是文官最高荣誉，同时也道尽了林则徐一生的高贵人格。

林则徐小档案

1785 年　出生于福建。

1798 年　考上秀才，入鳌峰书院就读。

1804 年　中举人。迎娶郑淑卿。婚后不久，接受厦门海防同知房永清的邀请，只身前往衙门担任文书。

1807 年　为张师诚幕僚。

1811 年　中进士，赐进士出身。入翰林院。

1814 年　加入宣南诗社，结交龚自珍、魏源等人。

1816 年　离开翰林院，到江西主持乡试。

1819 年　赴云南主持乡试。

1820 年　任江南道监察御史。

1822 年　觐见道光皇帝。授江苏淮海道，尚未赴任，又署为浙江盐运使，接着又被提升为江苏按察使，主持一省的司法大权。

1824 年　母亲过世，离任奔丧，应守丧二十七个月。

1825 年　黄河水患，守丧未满，破例起用。

1827 年　父亲过世，返回福建。

1830 年　守丧期满，再度入京。在京奉命补湖北布政使；调河南布政使。

1831 年　调任江宁布政使。以江宁布政使督办江北赈灾工作时，升任河东河道总督。

1832 年　为江苏巡抚。因河工任务未了，直至交卸河东河督职务，才前往江苏就任。

1833 年　江苏沿江多县遭受水患。以灾民嗷嗷待哺，迫不及待，特先行拨款抚恤，此项要求得到道光皇帝批准。太仓、镇洋、嘉定、宝山四州县收成欠佳，会同总督陶澍上奏，准许缓征此地钱粮。

1835 年　奉旨赴江宁接署两江总督兼两淮盐政。

1836 年　太常寺少卿许乃济上折明请弛禁鸦片。

1837 年　道光皇帝召见，擢升为湖广总督。

1838 年　以鸿胪寺卿黄爵滋为首，向道光皇帝奏请严禁鸦片。12 月 31 日，道光皇帝颁给钦差大臣关防，前往广东，查办海口事件。

1839 年　行抵广州。为完成禁烟事业，以钦差大臣、两江总督身份，继续查办鸦片。6 月 3 日，在虎门开始销烟，至 6 月 25 日结束，历时二十三天。

1840 年　英方发动"鸦片战争"。10 月，被革除两广总督大臣职务，留在广东，以备查问。

1841 年　以四品卿衔赴浙江听旨，离开广东。河南地区发洪水，道光皇帝派大学士王鼎暂署河东河道总督，督办工务。王鼎奏请协助治水，折回河东效力赎罪。

1842 年　东河工程完竣。8 月 29 日，鸦片战争落幕，签订《南京条约》。12 月，抵达伊犁惠远。

1845 年　因于新疆辅导垦荒实边有功，被重新起用，以四五品京堂回京候补。在进京途中，又奉命以三品顶戴署理陕甘总督。

1846 年　邓廷桢在陕西巡抚任上病逝。接任陕西巡抚。

1847 年　升任云贵总督。妻子郑淑卿病逝昆明。

1849 年　告病还乡。

1850 年　道光皇帝驾崩。咸丰皇帝继位，任命为钦差大臣，前往广西镇压天地会起义。11 月，抱病起程。是月 22 日，于广东潮州普宁县行馆，溘然长逝。